[redacted]

Wirtschaftswissenschaftliche Bücherei für Schule und Praxis
Begründet von Handelsschul-Direktor Dipl.-Hdl. Friedrich Hutkap †

Die Verfasser:

Roland Ott
Studium der Mathematik an der Universität Tübingen

Kurt Bohner
Lehrauftrag Mathematik am Beruflichen Schulzentrum Wangen (BSW)
Studium der Mathematik und Physik an der Universität Konstanz

Ronald Deusch
Lehrauftrag Mathematik am BSZ Bietigheim-Bissingen
Studium der Mathematik an der Universität Tübingen

Günther Thun
Studiendirektor in Oldenburg
Studium der Mathematik an der Universität Tübingen

Umschlag: Hintergrundbild: Kirill Kedrinski - fotolia.com, Rahmen links: Mike Kiev - Fotolia.com, Rahmen Mitte: Andres Rodriguez - Fotolia.com

* * * * * * * * *

1. Auflage 2017

Gesamtherstellung:
MERKUR VERLAG RINTELN Hutkap GmbH & Co. KG, 31735 Rinteln

E-Mail: info@merkur-verlag.de
Internet: www.merkur-verlag.de

Merkur-Nr. 1386-01
ISBN 978-3-8120-1386-4

Mengen

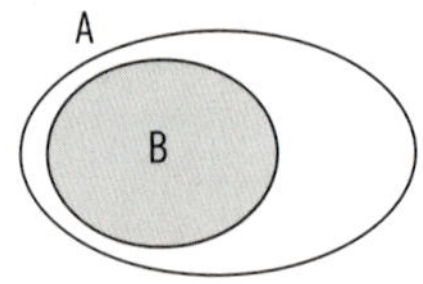

$x \in A$: x ist ein **Element** der Menge A

$x \notin A$: x ist kein Element der Menge A

$B \subseteq A$: B ist **Teilmenge** von A:

Jedes Element von B ist auch Element von A.

Mengenverknüpfungen

Vereinigungsmenge:

$A \cup B$ (A vereinigt B)

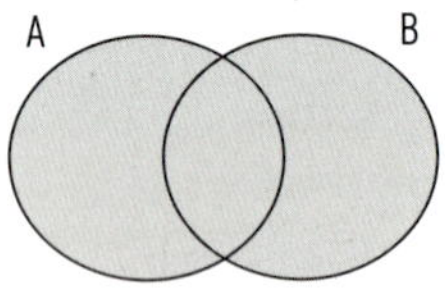

$A \cup B = \{x \mid x \in A \text{ oder } x \in B\}$

Schnittmenge:

$A \cap B$ (A geschnitten B)

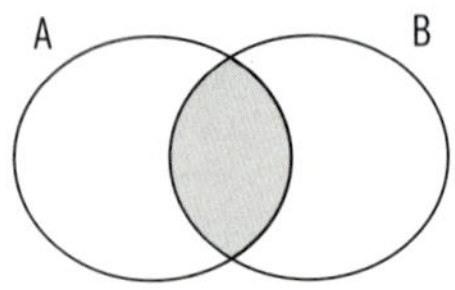

$A \cap B = \{x \mid x \in A \text{ und } x \in B\}$

Differenzmenge:

$A \setminus B$ (A ohne B)

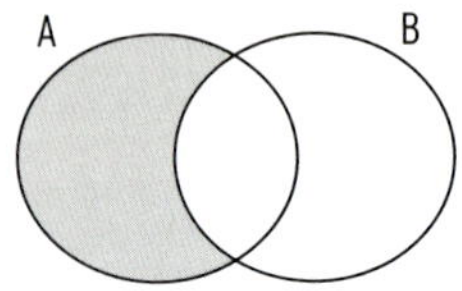

$A \setminus B = \{x \mid x \in A \text{ und } x \notin B\}$

Zahlenmengen / Intervalle

* ohne Null

$\mathbb{N} = \{0; 1; 2; \ldots\}$ Menge der natürlichen Zahlen

$\mathbb{N}^* = \{1; 2; \ldots\}$ Menge der natürlichen Zahlen ohne Null; $\mathbb{N}^* = \mathbb{N} \setminus \{0\}$

$\mathbb{Z} = \{\ldots; -1; 0; 1; 2; \ldots\}$ Menge der ganzen Zahlen

$\mathbb{Q} = \left\{\frac{p}{q}; p \in \mathbb{Z}; q \in \mathbb{N}^*\right\}$ Menge der rationalen Zahlen (Menge der Bruchzahlen)

$\mathbb{R}$ Menge der reellen Zahlen

$\mathbb{R}^*$ Menge der reellen Zahlen ohne Null ($x \neq 0$); $\mathbb{R}^* = \mathbb{R} \setminus \{0\}$

$\mathbb{R}_+$ Menge der nicht negativen reellen Zahlen ($x \geq 0$): $\mathbb{R}_+ = [0; \infty[$

$\mathbb{R}_-$ Menge der nicht positiven reellen Zahlen ($x \leq 0$): $\mathbb{R}_- =]-\infty; 0]$

$\mathbb{R}_-^*$ Menge der negativen reellen Zahlen ($x < 0$): $\mathbb{R}_-^* =]-\infty; 0[= \mathbb{R}_- \setminus \{0\}$

$\mathbb{R} \setminus \mathbb{Q}$ Menge der irrationalen Zahlen: π; $\sqrt{2}$; e; ...

Intervalle als Teilmengen der reellen Zahlen $\mathbb{R}$

Geschlossenes Intervall: $[a; b] = \{x \in \mathbb{R} \mid a \leq x \leq b\}$

Offenes Intervall: $]a; b[= \{x \in \mathbb{R} \mid a < x < b\}$

Halboffenes Intervall: $[a; b[= \{x \in \mathbb{R} \mid a \leq x < b\}$

Rechnen mit Brüchen

Erweitern: $\frac{a}{b} = \frac{a \cdot c}{b \cdot c}$
Zähler a und Nenner b ($b \neq 0$) mit der gleichen Zahl $\neq 0$ multiplizieren.

Kürzen: $\frac{a}{b} = \frac{a : c}{b : c}$
durch die gleiche Zahl $\neq 0$ dividieren.

Addition: Bei **gleichem** Nenner: $\frac{a}{b} + \frac{c}{b} = \frac{a + c}{b}$
Zähler addieren, Nenner beibehalten.
Bei **verschiedenen** Nennern: $\frac{a}{b} + \frac{c}{d} = \frac{ad}{bd} + \frac{cb}{bd} = \frac{ad + cb}{bd}$
Zuerst die Brüche durch Erweitern auf den **gleichen Nenner** bringen.

Multiplikation: $\frac{a}{b} \cdot \frac{c}{d} = \frac{a \cdot c}{b \cdot d}$ $\quad \frac{a}{b} \cdot c = \frac{a \cdot c}{b}$
Zähler mit Zähler und Nenner mit Nenner multiplizieren.

Division: $\frac{\frac{a}{b}}{\frac{c}{d}} = \frac{a}{b} \cdot \frac{d}{c} = \frac{ad}{bc}$ $\quad \frac{\frac{a}{b}}{d} = \frac{\frac{a}{b}}{\frac{d}{1}} = \frac{a}{b} \cdot \frac{1}{d} = \frac{a}{bd}$
Multiplikation mit dem Kehrbruch

Kehrbruch: $\frac{a}{b}$ ist der Kehrbruch von $\frac{b}{a}$ für $a, b \neq 0$.

Terme und Termumformungen

Assoziativgesetz der Addition $a + (b + c) = (a + b) + c$
der Multiplikation $a \cdot (b \cdot c) = (a \cdot b) \cdot c$

Distributivgesetz: $a \cdot (b \pm c) = a \cdot b \pm a \cdot c$
$(a + b) \cdot (c + d) = a \cdot c + a \cdot d + b \cdot c + b \cdot d$
$= a \cdot (c + d) + b \cdot (c + d)$

Klammern werden von innen nach außen aufgelöst.

Potenzrechnung vor **Punktrechnung** (· ; :) vor **Strichrechnung** (+; −)

Binomische Formeln

$(a + b)^2 = a^2 + 2ab + b^2$

$(a - b)^2 = a^2 - 2ab + b^2$

$(a + b)(a - b) = a^2 - b^2$

Potenzen und Logarithmen

Potenz $a^n = a \cdot a \cdot a \cdot \ldots \cdot a$ (n Faktoren a; $n \in \mathbb{N}^*$) $a^1 = a$

a: Basis (Grundzahl) n: Exponent (Hochzahl)

Dabei gilt **für a $\neq$ 0:** $a^0 = 1$ $a^{-1} = \frac{1}{a}$ $a^{-2} = \frac{1}{a^2}$ $a^{-n} = \frac{1}{a^n}$

Wurzeln (a, b > 0)

Quadratwurzel:

$\sqrt[2]{a} = b \Rightarrow a = b^2$

$\sqrt{a \cdot b} = \sqrt{a} \cdot \sqrt{b}$

$\sqrt{\frac{a}{b}} = \frac{\sqrt{a}}{\sqrt{b}}$

$\sqrt{a^2 b} = a\sqrt{b}$

Schreibweise
$\sqrt[2]{a} = \sqrt{a}$
$\sqrt{a} = a^{\frac{1}{2}}$

Bemerkung: $\sqrt{a^2 + b^2} \neq a + b$

Kubikwurzel: $\sqrt[3]{a} = b \Rightarrow b^3 = a$

n-te Wurzel: $\sqrt[n]{a} = b \Rightarrow b^n = a$

$a^{\frac{m}{n}} = \sqrt[n]{a^m}$ mit $n \in \mathbb{N}^*$; $m \in \mathbb{Z}$

Schreibweise
$a^{\frac{1}{3}} = \sqrt[3]{a}$
$a^{\frac{1}{n}} = \sqrt[n]{a}$

Potenzgesetze (a, b > 0):

Gleiche Basis $a^n \cdot a^m = a^{n+m}$ $\frac{a^n}{a^m} = a^{n-m}$

Gleiche Hochzahl: $a^n \cdot b^n = (a \cdot b)^n$ $\frac{a^n}{b^n} = (\frac{a}{b})^n$

Potenzieren: $(a^n)^m = a^{n \cdot m}$

Potenzsätze für Wurzeln:

$\sqrt[n]{a} \cdot \sqrt[n]{b} = \sqrt[n]{ab}$

$\frac{\sqrt[n]{a}}{\sqrt[n]{b}} = \sqrt[n]{\frac{a}{b}}$

$(\sqrt[n]{a})^m = \sqrt[n]{a^m} = a^{\frac{m}{n}}$

$\sqrt[n]{a^n} = (\sqrt[n]{a})^n = a$

Potenzsätze für e-Potenzen:

$e^x \cdot e^y = e^{x+y}$

$\frac{e^x}{e^y} = e^{x-y}$

$(e^x)^k = e^{kx}$

Logarithmus zur **Basis a** > 0; a $\neq$ 1; b > 0: $a^x = b$

$x = \log_a(b)$

zur **Basis e:** $e^x = b$

$x = \ln(b)$

Zuordnungen

Proportionale Zuordnung: Zuordnungen zwischen Größen heißen dann **proportional,** wenn zum doppelten, dreifachen, ..., a-fachen Wert einer Ausgangsgröße x der doppelte, dreifache, ... a-fache Wert der zugeordneten Größe y gehört.

Wertepaare proportionaler Zuordnungen sind quotientengleich:

$$\frac{y}{x} = c;\ c \text{ konstant}$$

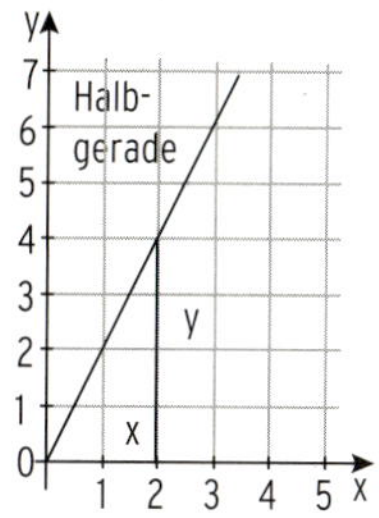

Antiproportionale Zuordnung: Zuordnungen zwischen Größen heißen dann **antiproportional,** wenn zum doppelten, dreifachen..., a-fachen Wert einer Ausgangsgröße x der halbe, $\frac{1}{3}$-fache, ... $\frac{1}{a}$-fache Wert der zugeordneten Größe y gehört.

Wertepaare antiproportionaler Zuordnungen sind produktgleich:

$$x \cdot y = c;\ c \text{ konstant}$$

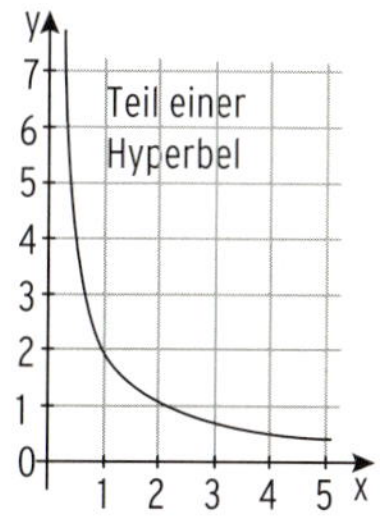

Währungsrechnung

Kursbegriff: Der Währungskurs gibt an, wie viel Geldeinheiten einer ausländischen Währung für eine Einheit der Inlandswährung, zum Beispiel für 1 €, gezahlt wird.

Ankaufkurs: Kauft eine Kunde Auslandswährung, so wird mit dem Ankaufkurs (Geldkurs) umgerechnet.

Verkaufkurs: Verkauft ein Kunde Auslandswährung, so wird mit dem Verkaufkurs (Briefkurs) umgerechnet.

Ankaufkurs < Verkaufkurs

Währungsumrechungen

Ankauf von Auslandswährung

$$\text{Eurobetrag} = \frac{\text{Anzahl der ausländischen Währungseinheiten}}{\text{Ankaufkurs der ausländischen Währung}}$$

Verkauf von Auslandswährung

$$\text{Eurobetrag} = \frac{\text{Anzahl der ausländischen Währungseinheiten}}{\text{Verkaufkurs der ausländischen Währung}}$$

Umrechnung in Auslandswährung

Auslandswährung = Eurobetrag · Kurs der Auslandswährung

Prozentrechnung

Begriffe: $p\,\% = \frac{p}{100}$: Prozentsatz gelesen: p Prozent

Prozentsatz

$p\,\% = \frac{P}{G}$

Prozentwert

$P = G \cdot p\,\% = G \cdot \frac{p}{100}$

Grundwert

$G = \frac{P}{p\,\%} = \frac{P \cdot 100}{p}$

vermehrter Grundwert

$G \cdot (1 + \frac{p}{100})$

verminderter Grundwert

$G \cdot (1 - \frac{p}{100})$

Handelskalkulation

Kalkulationsschema

Kalkulationsschema
Listeneinkaufspreis
− Liefererrabatt
Zieleinkaufspreis
− Liefererskonto
Bareinkaufspreis
+ Bezugskosten
Bezugspreis
+ Handlungskosten
Selbstkostenpreis
+ Gewinn
Barverkaufspreis
+ Kundenskonto
+ Vertreterprovision
Zielverkaufspreis
+ Kundenrabatt
Listenverkaufspreis

Hinweis:
Bei der **Vorwärtskalkulation** gilt
... vom Listeneinkaufspreis bis zum Barverkaufspreis die Prozentrechnung vom **reinen Grundwert.**

... vom Barverkaufspreis bis zum Listenverkaufspreis die Prozentrechnung vom **verminderten Grundwert.**

$$\text{Kalkulationszuschlag} = \frac{\text{Listenverkaufspreis} - \text{Bezugspreis}}{\text{Bezugspreis}}$$

$$\text{Kalkulationsfaktor} = \frac{\text{Listenverkaufspreis}}{\text{Bezugspreis}}$$

$$\text{Handelsspanne} = \frac{\text{Listenverkaufspreis} - \text{Bezugspreis}}{\text{Ladenverkaufspreis}} \quad \text{oder} \quad \text{Handelsspanne} = \frac{\text{Kalkulationszuschlag}}{\text{Kalkulationsfaktor}}$$

Zinsrechnung

Begriffe: $p\,\% = \frac{p}{100}$: Zinssatz

Z: Zinsen   K: Kapital   t: Laufzeit in Tagen

Tageszinsformel:

$$Z = \frac{K \cdot p \cdot t}{100 \cdot 360}$$

Kapital	Zinssatz p %	Laufzeit in Tagen
$K = \frac{100 \cdot 360 \cdot Z}{p \cdot t}$	$p = \frac{100 \cdot 360 \cdot Z}{K \cdot t}$	$t = \frac{100 \cdot 360 \cdot Z}{K \cdot p}$

Effektivzinssatz in Anwendungen

Skonto bei Kreditaufnahme

Zeitachse:

Rechnungsbetrag
− Skontobetrag
= Überweisungsbetrag

Effektivzinssatz (überschlagmäßig): $p\,\% = \frac{\text{Skontosatz} \cdot 360}{\text{Kreditzeitraum in t}}$

Effektivzinssatz (exakt): $p\,\% = \frac{360 \cdot \text{Skontobetrag}}{\text{Überweisungsbetrag} \cdot \text{Kreditzeitraum in t}}$

Immobilienrendite

Mieteinnahmen pro Jahr
− Aufwendungen pro Jahr
= Jahresüberschuss

Effektivzinssatz: $p\,\% = \frac{\text{Jahresüberschuss}}{\text{eingesetztes Eigenkapital}}$

Darlehen

Effektivzinssatz: $p\,\% = \frac{\text{Summe aller Darlehenskosten}}{\text{Auszahlungsbetrag} \cdot \text{Laufzeit in Jahren}}$

Zinseszinsrechnung

Begriffe:

K_n: Endkapital (Kapital nach n Jahren); Endwert

K_0: Anfangskapital; Barwert

$\frac{p}{100} = p\,\%$: Zinssatz

n: Zeit in Jahren; Laufzeit

Zeitachse:

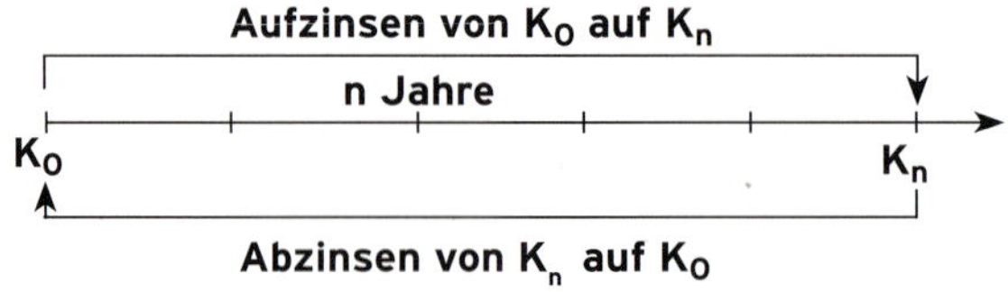

Zinseszinsformel: $K_n = K_0 \cdot q^n$ mit dem Zinsfaktor $q = (1 + \frac{p}{100})$

Barwert:

$$K_0 = \frac{K_n}{q^n}$$

Laufzeit:

$$n = \log_q\left(\frac{K_n}{K_0}\right)$$

Zinsfaktor:

$$q = \sqrt[n]{\frac{K_n}{K_0}}$$

Zinssatz:

$$\frac{p}{100} = q - 1$$

Hinweis: $n = \frac{\log\left(\frac{K_n}{K_0}\right)}{\log(q)}$ bzw. $n = \frac{\ln\left(\frac{K_n}{K_0}\right)}{\ln(q)}$

Unterjährige Verzinsung

Begriffe:

$K_{n;\,m}$: Endkapital nach n Jahren und m Zinsperioden pro Jahr

m: Zinsperioden proJahr

$\frac{p\,\%}{m}$: relativer Zinssatz (Periodenzinssatz)

Endwertformel: $K_{n;\,m} = K_0 \cdot (1 + \frac{p\,\%}{m})^{n \cdot m}$

Effektiver Zinssatz: $p_{eff}\,\% = (1 + \frac{p\,\%}{m})^m - 1$

Funktion

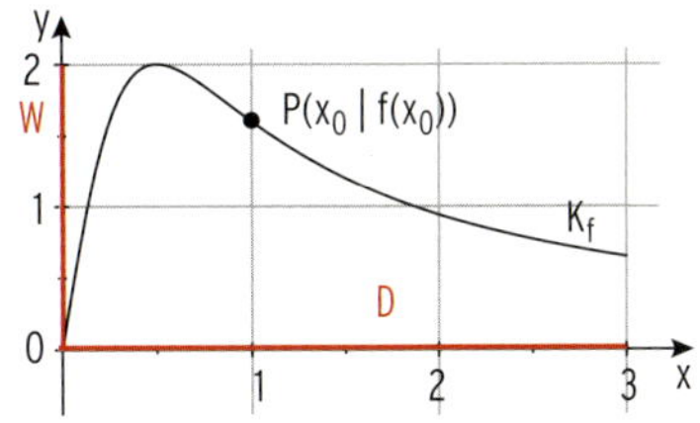

f: x $\rightarrow$ f(x) mit x $\in$ D

Funktionsterm f(x)

Definitionsmenge D:

Menge aller zugelassenen x-Werte

Wertemenge W = {y | y = f(x); x $\in$ D}

Graph einer Funktion f:

Kurvengleichung y = f(x)

Ein **Punkt** P(x_0 | f(x_0)) auf K_f hat die x-Koordinate (**Abszisse**) x_0 und die y-Koordinate **(Ordinate)** y = f(x_0).

Das rechtwinklige **Koordinatensystem** teilt die Ebene in vier Quadranten (Felder):

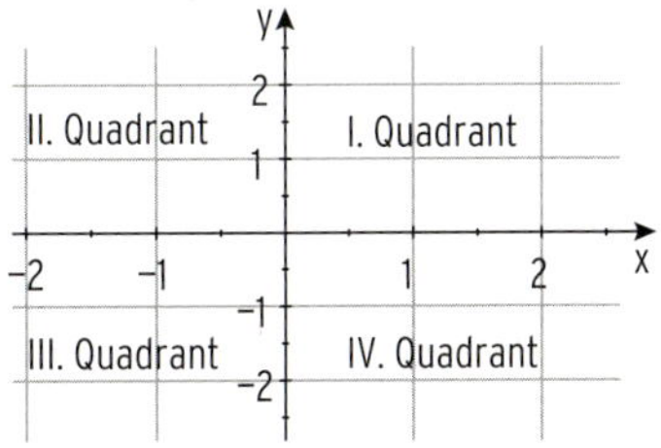

Ganzrationale Funktion (Polynomfunktion)

Lineare Funktion – Gerade

Lineare Funktion (**Ganzrationale Funktion 1. Grades**) f mit f(x) = mx + b; x $\in \mathbb{R}$

1. Winkelhalbierende: y = x
2. Winkelhalbierende: y = – x

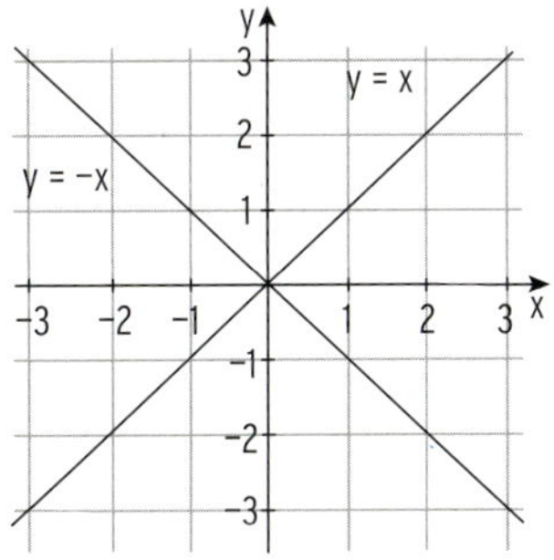

Hauptform: y = mx + b

(Normalform)

Steigung: $m = \frac{\Delta y}{\Delta x} = \frac{y_Q - y_P}{x_Q - x_P}$

y-Achsenabschnitt: b

Schnittpunkt mit der y-Achse: S_y(0 | b)

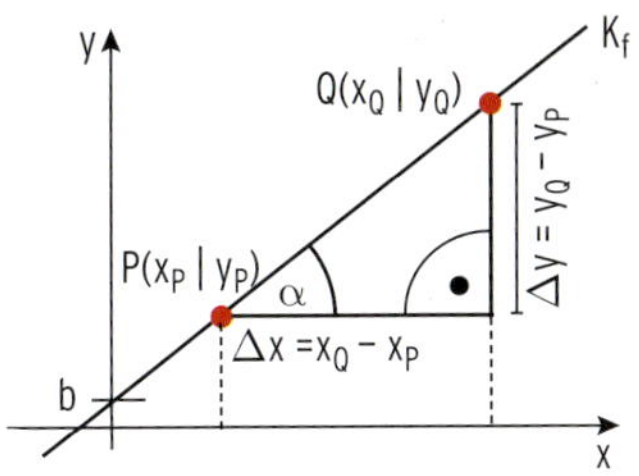

Die Geraden mit den **Steigungen m_1 und m_2**
- sind **parallel** zueinander: $m_1 = m_2$

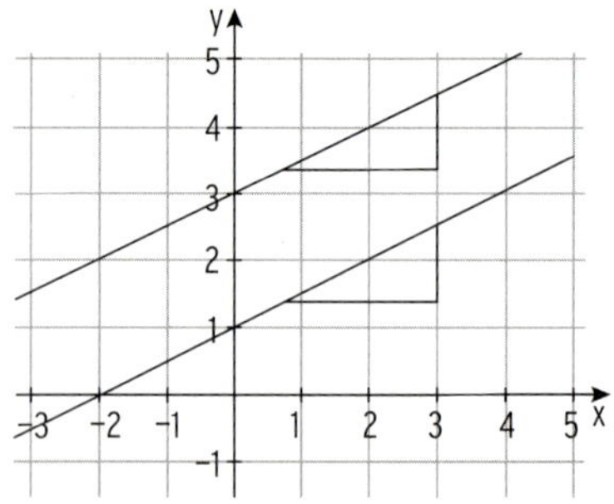

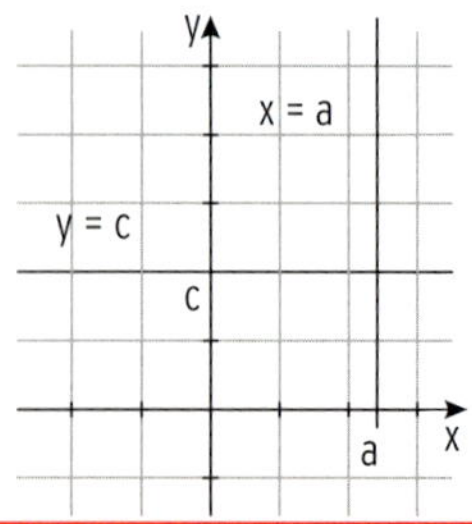

- Die **Gerade** mit **y = c** verläuft **parallel zur x-Achse.** Sie hat die Steigung Null.
- Die **Gerade** mit **x = a** verläuft **parallel zur y-Achse.**

Quadratische Funktion – Parabel

Polynomfunktion 2. Grades f

mit $f(x) = ax^2 + bx + c; a \neq 0; x \in \mathbb{R}$

(quadratische Funktion)

Normalparabel: $y = x^2$
mit Scheitel $S(0 \mid 0)$

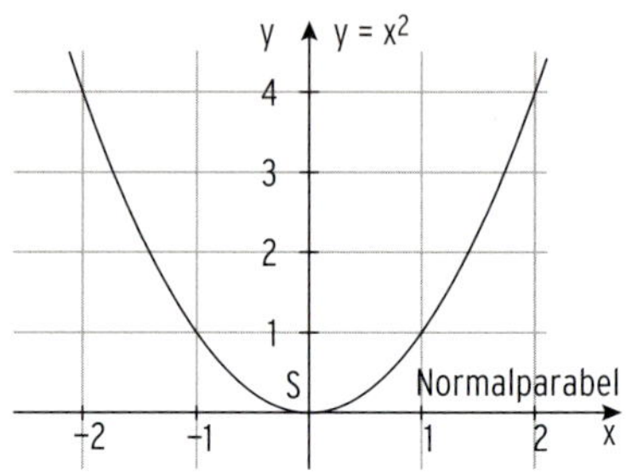

Funktionsterm f(x) in

Hauptform: $f(x) = ax^2 + bx + c$
(Normalform)

Scheitelform: $f(x) = a(x - x_S)^2 + y_S$

Produktform: $f(x) = a(x - x_1)(x - x_2)$

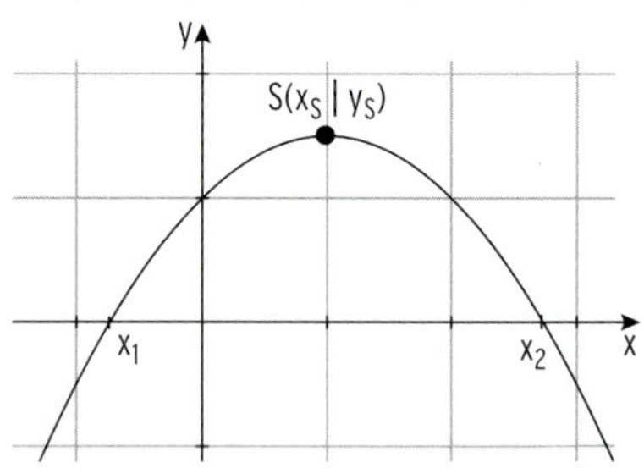

Symmetrie

zur y-Achse: $f(x) = ax^2 + c$

Bedingung: $f(x) = f(-x)$

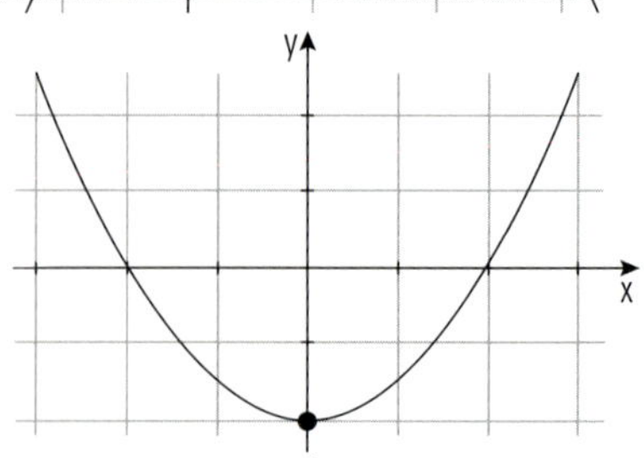

Quadratische Gleichung

Quadratische Gleichung der Form: $x^2 + px + q = 0$

pq-Lösungsformel: $x_{1|2} = -\frac{p}{2} \pm \sqrt{\left(\frac{p}{2}\right)^2 - q}$

mit **Diskriminante** $D = \left(\frac{p}{2}\right)^2 - q$

Quadratische Gleichung der Form: $ax^2 + bx + c = 0 \quad (a \neq 0)$

abc-Lösungsformel: $x_{1|2} = \frac{-b \pm \sqrt{b^2 - 4ac}}{2a}$

mit **Diskriminante** $D = b^2 - 4ac$

Die Anzahl der Lösungen hängt von der Diskriminante D ab.

$D > 0$	$D = 0$	$D < 0$
zwei Lösungen	**eine (doppelte) Lösung**	**keine Lösung**
$x_1 \neq x_2$	$x_1 = x_2$	

Produktform: $a(x - x_1)(x - x_2) = 0$

Lösungen $x = x_1 \lor x = x_2$

Satz vom Nullprodukt:

Ein **Produkt ist null,** wenn **mindestens ein Faktor null** ist:

$u \cdot v = 0 \Leftrightarrow u = 0 \lor v = 0$ („$\lor$" bedeutet „oder")

Potenzfunktion

Potenzfunktion f mit $f(x) = x^q$; $q \in \mathbb{Z}^*$

- Für $q \in \mathbb{N}$; $q > 1$, $x \in \mathbb{R}$
  Der Graph von f ist eine **Parabel** n-ter Ordnung.

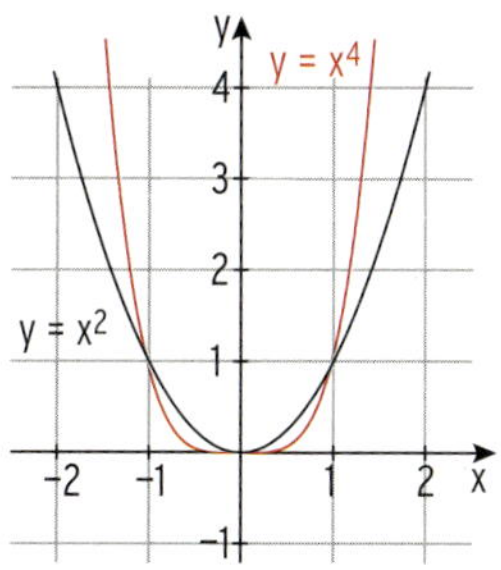

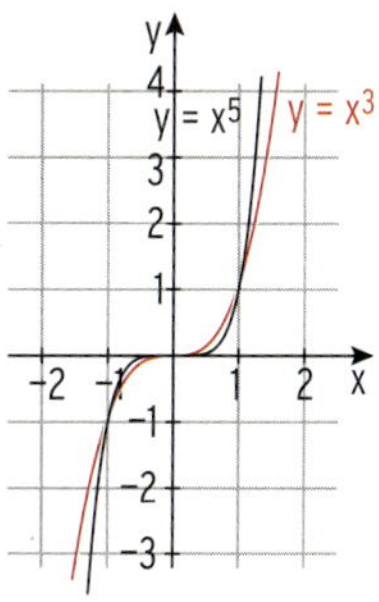

- Für $q \in \mathbb{Z}_-$; $x \neq 0$
  Der Graph von f ist eine Hyperbel.

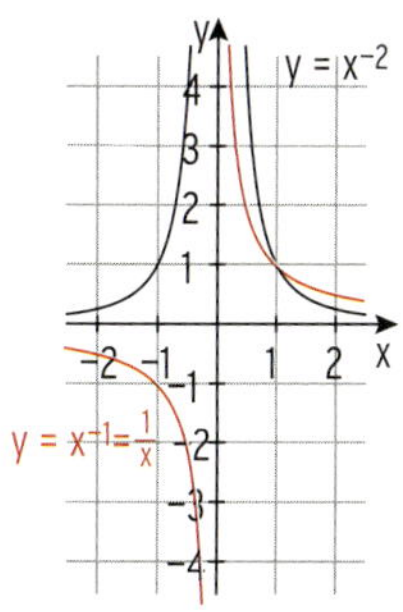

Der Graph von f ist

- achsensymmetrisch zur y-Achse für **q gerade**,
- punktsymmetrisch zum Ursprung für **q ungerade**.

Ganzrationale Funktionen höheren Grades

Ganzrationale Funktionen (Polynomfunktionen)

3. Grades (kubische Funktion): f mit $f(x) = ax^3 + bx^2 + cx + d$; $a \neq 0$

4. Grades: f mit $f(x) = ax^4 + bx^3 + cx^2 + dx + e$; $a \neq 0$

n-ten Grades: f mit $f(x) = a_n x^n + ... + a_1 x + a_0$; $a_n \neq 0$; $x \in \mathbb{R}$; $n \in \mathbb{N}$

Symmetrie

Symmetrie zum Ursprung O:
Bedingung: $f(x) = -f(-x)$

Graph einer Polynomfunktion 3. Grades
$f(x) = ax^3 + cx$ (nur ungerade Hochzahlen)

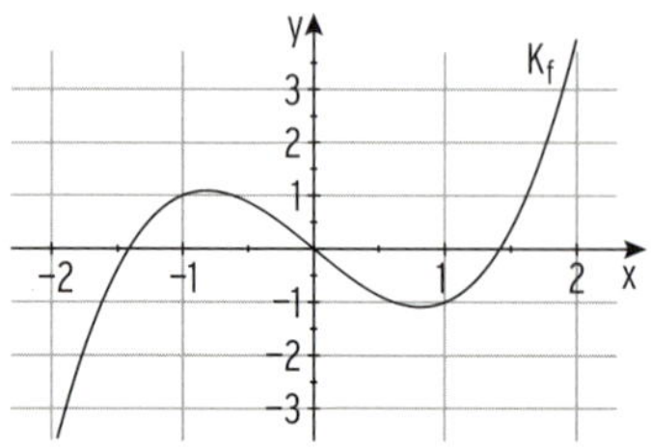

Symmetrie zur y-Achse:
Bedingung: $f(x) = f(-x)$

Graph einer Polynomfunktion 4. Grades
$f(x) = ax^4 + cx^2 + e$ (nur gerade HZ)

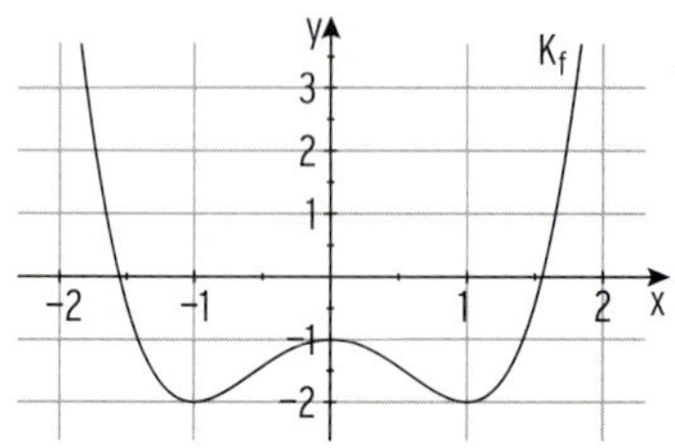

Polynomgleichung

Lösungsverfahren

- **Lösung durch Wurzelziehen:** $ax^n - b = 0$; $a \neq 0$; $n \in \mathbb{N}$; $n \geq 2$

  Potenzgleichung $x^n = \frac{b}{a}$

  Lösung für $\frac{b}{a} > 0$: $x = \pm \sqrt[n]{\frac{b}{a}}$ (n gerade) bzw. $x = \sqrt[n]{\frac{b}{a}}$ (n ungerade)

  Lösung für $\frac{b}{a} < 0$: $x = -\sqrt[n]{\left|\frac{b}{a}\right|}$ (n ungerade)

- **Ausklammern eines gemeinsamen Faktors:**

  $ax^3 + bx^2 + cx = 0 \quad \Leftrightarrow \quad x(ax^2 + bx + c) = 0$

  $ax^4 + bx^3 + cx^2 = 0 \quad \Leftrightarrow \quad x^2(ax^2 + bx + c) = 0$

  Satz vom Nullprodukt anwenden.

- **Substituition**

  Biquadratische Gleichung: $ax^4 + bx^2 + c = 0$; a, b, $c \neq 0$

  Substitution $x^2 = z$ ergibt eine **quadratische Gleichung** in z: $az^2 + bz + c = 0$

  Rücksubstitution liefert die gesuchten Lösungen in x.

- **Polynomdivision**

Exponentialfunktion

Schaubilder von Exponentialfunktionen

Grundfunktion zur Basis e:

f mit $f(x) = e^x$; $x \in \mathbb{R}$

Grundfunktion zur Basis b:

$f(x) = b^x$; $x \in \mathbb{R}$; $b > 0 \wedge b \neq 1$

Waagrechte Asymptote: $y = 0$

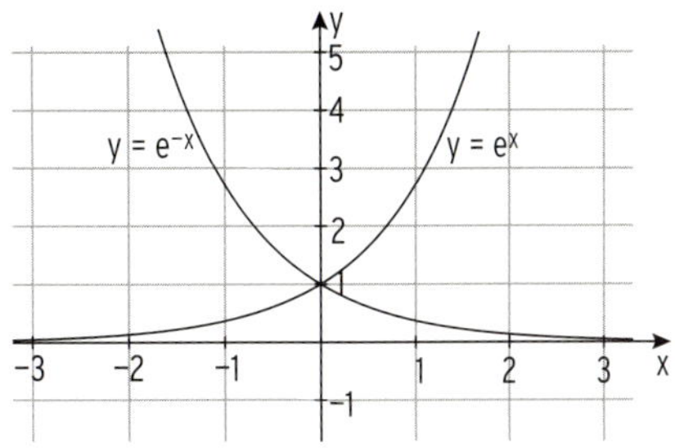

K_f: $f(x) = ab^x + c$; $x \in \mathbb{R}$; $a \neq 0$, $b > 0 \wedge b \neq 1$

K_f: $f(x) = ae^{kx} + c$; $x \in \mathbb{R}$; $a, k \neq 0$

Waagrechte Asymptote: $y = c$

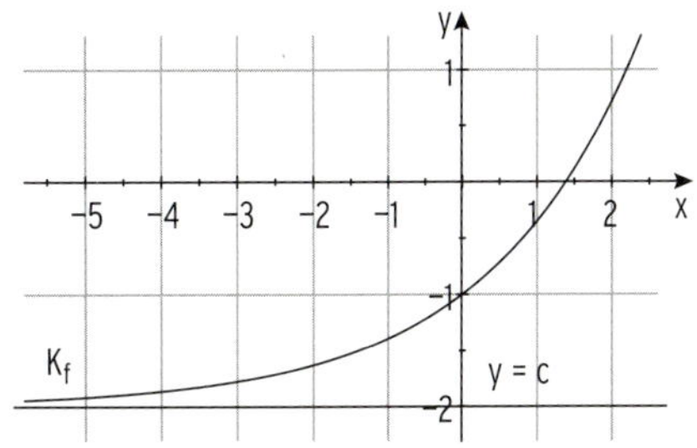

K_f: $f(x) = c \cdot x^n \cdot e^{mx}$; $x \in \mathbb{R}$; $c, m \neq 0$; $n \in \mathbb{N}^*$

Waagrechte Asymptote: $y = 0$

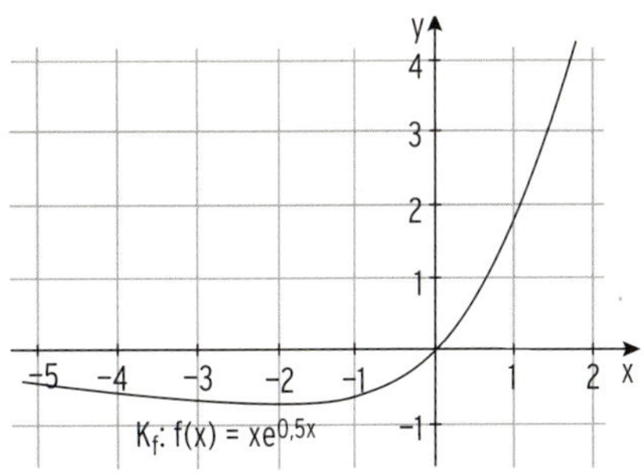

Hinweis:

Asymptote mit y = 0

für $x \to -\infty$ falls $m > 0$

bzw.

für $x \to \infty$ falls $m < 0$.

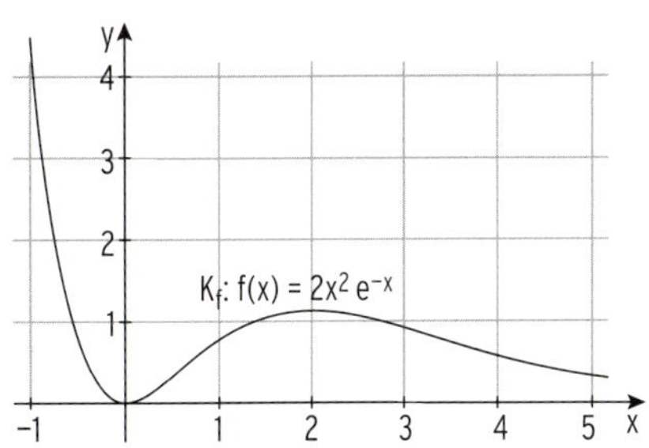

Umformungen

$e^{\ln(x)} = x$ $\ln(e^x) = x$ $\ln(e^{kx}) = kx$

Beachten Sie: $\ln(1) = 0$ $\ln(e) = 1$

$\ln(e^2) = 2$ $\ln(\frac{1}{e}) = -1$

Umrechnung von Basis b in Basis e: $b^x = e^{\ln(b) \cdot x}$

Exponentialgleichung

Lösungsverfahren

- **Logarithmieren:**

$e^{bx} = c\,;\ b \neq 0;\ c > 0$

$bx = \ln(c)$

$x = \frac{\ln(c)}{b}$

- **Ausklammern und Satz vom Nullprodukt:**

$e^{2x} - ae^x = 0$

$e^x(e^x - a) = 0$

$e^x - a = 0 \quad (e^x \neq 0)$

Gleichung in Produktform:

$e^{2x}(ax^2 + bx + c) = 0$

$ax^2 + bx + c = 0 \quad (e^{2x} \neq 0)$

Wachstum

Exponentielles Wachstum

$f(t) = ab^t\,;\ t \geq 0$

$f(t) = ae^{k \cdot t};\ t \geq 0$

Wachstumskonstante: $k > 0$

Zerfallskonstante: $k < 0$

Anfangsbestand: $a = f(0)$

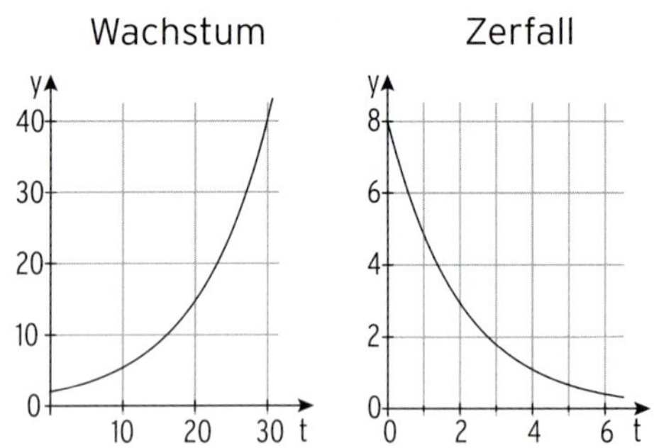

Halbwertszeit t_H (für $k < 0$): $t_H = -\frac{\ln(2)}{k}$

Verdoppelungszeit t_V (für $k > 0$): $t_V = \frac{\ln(2)}{k}$

t_H und t_V sind unabhängig vom Anfangsbestand f(0).

Gebrochenrationale Funktion

$$f(x) = \frac{Z(x)}{N(x)} = \frac{\text{Zählerpolynom}}{\text{Nennerpolynom}}$$

Maximale Definitionsmenge $D = \mathbb{R} \setminus \{x \mid N(x) = 0\}$.

Nullstellen von f: $f(x) = 0$ $Z(x) = 0$ mit $x \in D$

Festlegung: Die größte Hochzahl von x im Zählerpolynom heißt Zählergrad;
die größte Hochzahl von x im Nennerpolynom heißt Nennergrad.

Schaubilder von gebrochenrationalen Funktionen

Grundfunktion f mit $f(x) = \frac{1}{x}$; $x \in \mathbb{R}^*$

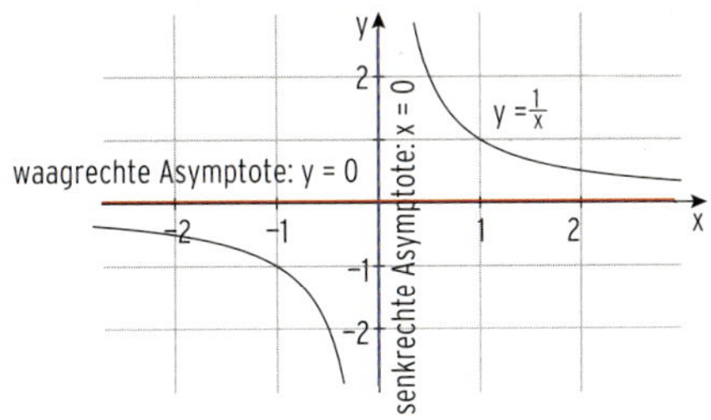

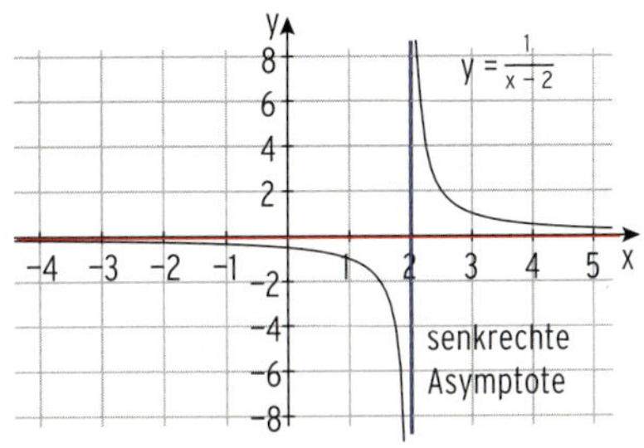

Asymptoten

a) Waagrechte bzw. schiefe Asymptote

- **Zählergrad < Nennergrad:**
  x-Achse ist **waagrechte** Asymptote

- **Zählergrad = Nennergrad:**
  Parallele zur x-Achse ist **waagrechte** Asymptote

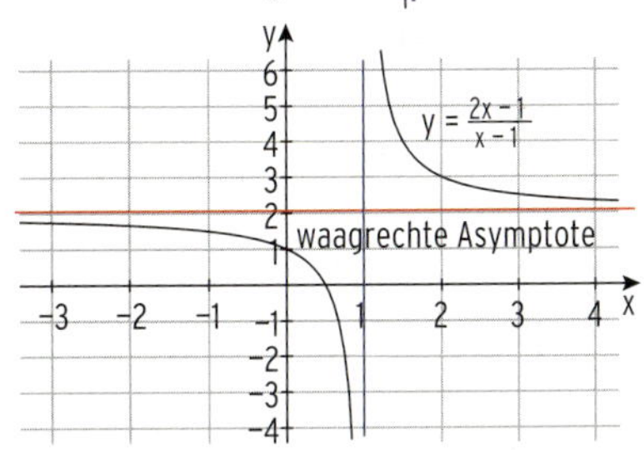

- **Zählergrad um 1 größer als der Nennergrad:**
  Der Graph hat eine **schiefe** Asymptote.

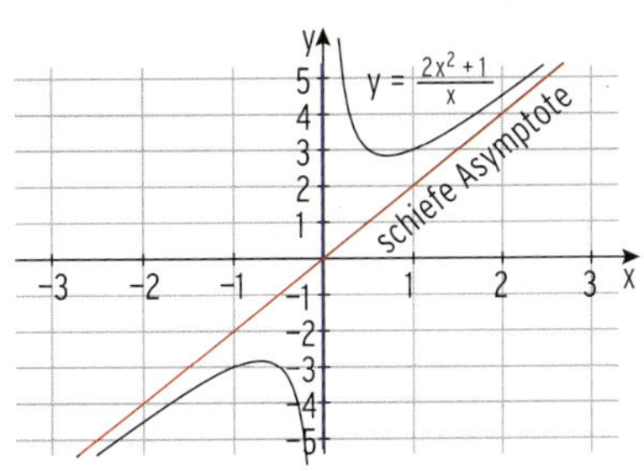

b) Senkrechte Asymptote

x_1 ist Polstelle.
Gleichung der senkrechten Asymptote: $x = x_1$

Nullstellen und deren Vielfachheit

Bedingung für eine **Nullstelle einer Funktion f: f(x) = 0**

Eine Nullstelle x_1 ist eine Lösung der Gleichung f(x) = 0.

Schnittpunkt mit der x-Achse: $N(x_1 \mid 0)$

Vielfachheit der Nullstellen von f:

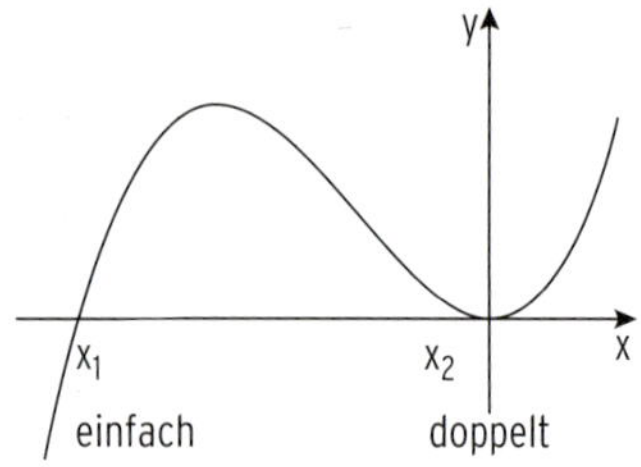

- In x_1 wechselt f(x) das Vorzeichen (VZW).
  x_1 ist eine einfache Nullstelle von f.

- In x_2 wechselt f(x) das Vorzeichen nicht
  x_2 ist eine **doppelte** Nullstelle.

- In x_3 wechselt f(x) das Vorzeichen (VZW).
  x_3 ist eine **dreifache** Nullstelle von f.

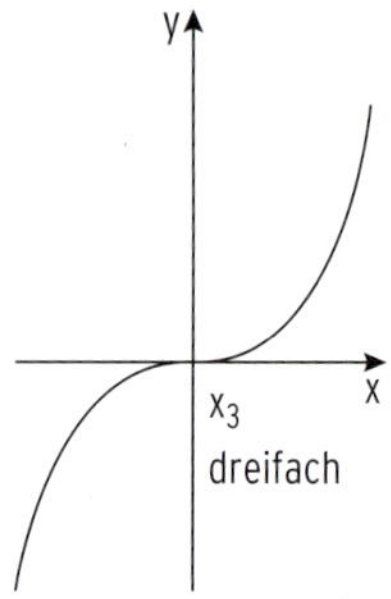

Abbildungen

Das Schaubild G der Funktion g entsteht aus dem Schaubild K der Funktion f durch

Verschiebung in y-Richtung um d: $g(x) = f(x) + d$
für $d < 0$ nach unten; für $d > 0$ nach oben

in x-Richtung um c: $g(x) = f(x - c)$
für $c < 0$ nach links; für $c > 0$ nach rechts

Streckung in y-Richtung **mit dem Faktor a** ($a > 0$): $g(x) = a \cdot f(x)$
Für $0 < a < 1$ spricht man auch von einer **Stauchung.**
in x-Richtung **mit dem Faktor $\frac{1}{b}$**: $g(x) = f(b \cdot x)$

Spiegelung an der x-Achse: $g(x) = -f(x)$
an der y-Achse: $g(x) = f(-x)$

Differentialrechnung

Änderungsrate

Durchschnittliche (mittlere) Änderungsrate

von f auf [a; b]: $\frac{\Delta y}{\Delta x} = \frac{f(b) - f(a)}{b - a}$

(Differenzenquotient; Steigung der Sekante; Steigung der Strecke PQ)

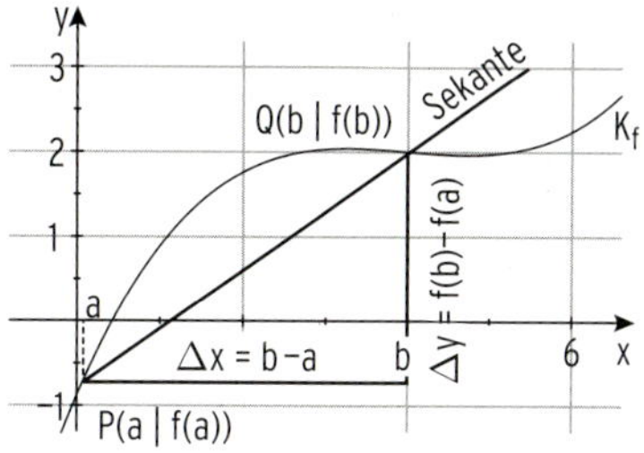

Durchschnittliche (mittlere) Änderungsrate

auf $[x_0; x_0 + h]$: $\frac{\Delta y}{\Delta x} = \frac{f(x_0 + h) - f(x_0)}{h}$

Momentane Änderungsrate:

Grenzwert des Differenzenquotienten

Differentialquotient

$$f'(x_0) = \lim_{\Delta x \to 0} \frac{\Delta y}{\Delta x} = \lim_{h \to 0} \frac{f(x_0 + h) - f(x_0)}{h}$$

oder $f'(x_0) = \lim_{x \to x_0} \frac{f(x) - f(x_0)}{x - x_0}$

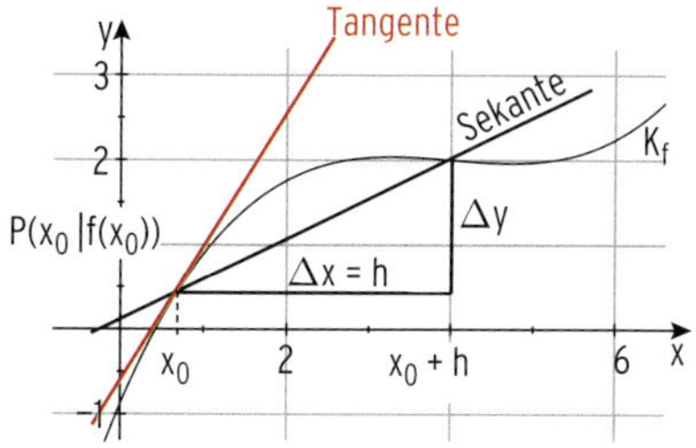

Ableitungsregel	Funktion f	Ableitung f′
Faktorregel	$f(x) = k \cdot g(x)$	$f'(x) = k \cdot g'(x)$
Summenregel	$f(x) = g(x) \pm h(x)$	$f'(x) = g'(x) \pm h'(x)$

Potenzregel	$f(x) = a \cdot x^n$	$f'(x) = n \cdot a \cdot x^{n-1}$
Kettenregel	$f(x) = g(u(x))$	$f'(x) = g'(u(x)) \cdot u'(x)$
Produktregel	$f(x) = u(x) \cdot v(x)$	$f'(x) = u'(x) \cdot v(x) + u(x) \cdot v'(x)$
Quotientenregel	$f(x) = \frac{u(x)}{v(x)}$	$f'(x) = \frac{u'(x) \cdot v(x) - u(x) \cdot v'(x)}{v^2(x)}$

Spezielle Ableitungen	$f(x) = e^x$	$f'(x) = e^x$
	$f(x) = e^{mx}$	$f'(x) = m \cdot e^{mx}$
	$f(x) = e^{mx + c}$	$f'(x) = m \cdot e^{mx + c}$
	$f(x) = \frac{1}{x}$	$f'(x) = -\frac{1}{x^2}$

Kurvenuntersuchung

Monotonie: Gilt für alle $x \in I =]a; b[$
$f'(x) \geq 0$, so ist f monoton **wachsend,**
$f'(x) \leq 0$, so ist f monoton **fallend auf I.**

Krümmung:
K_f ist **linksgekrümmt** auf $I =]a; b[$,
wenn **$f''(x) > 0$** für alle $x \in I$.
K_f ist **rechtsgekrümmt** auf $I =]a; b[$,
wenn **$f''(x) < 0$** für alle $x \in I$.

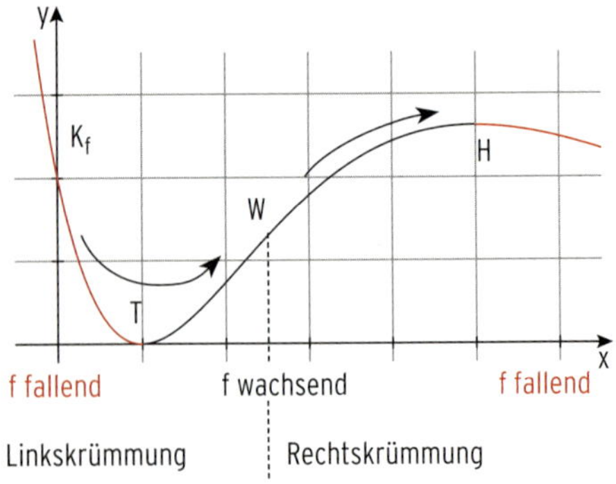

Extrem- und Wendepunkte

Hochpunkt $H(x_1 \mid f(x_1))$	$f'(x_1) = 0 \wedge f''(x_1) < 0$ **oder** VZW von $f'(x)$ von +/− in x_1
Tiefpunkt $T(x_1 \mid f(x_1))$	$f'(x_1) = 0 \wedge f''(x_1) > 0$ **oder** VZW von $f'(x)$ von −/+ in x_1
Wendepunkt $W(x_1 \mid f(x_1))$	$f''(x_1) = 0 \wedge f'''(x_1) \neq 0$ **oder** VZW von $f''(x)$ in x_1

Relative und absolute Extrema
Mögliche Maximal-(Minimal-)stellen von f mit Definitionbereich D=[a;b]:

- **Randstellen** a, b von D
- **Stellen** mit $f'(x) = 0$

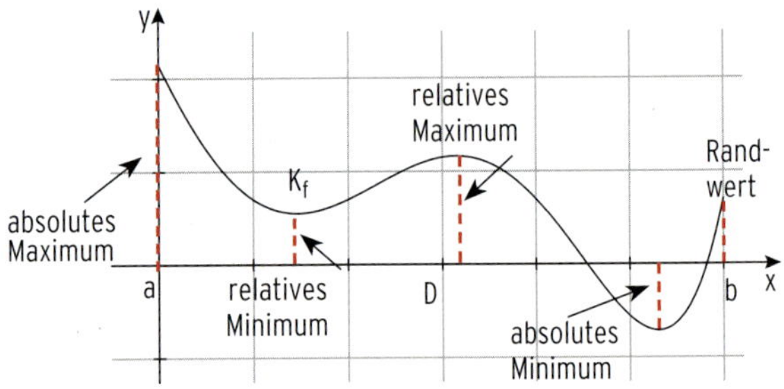

Tangente

Tangentensteigung: $f'(u)$
Tangentengleichung: $y = f'(u)(x - u) + f(u)$

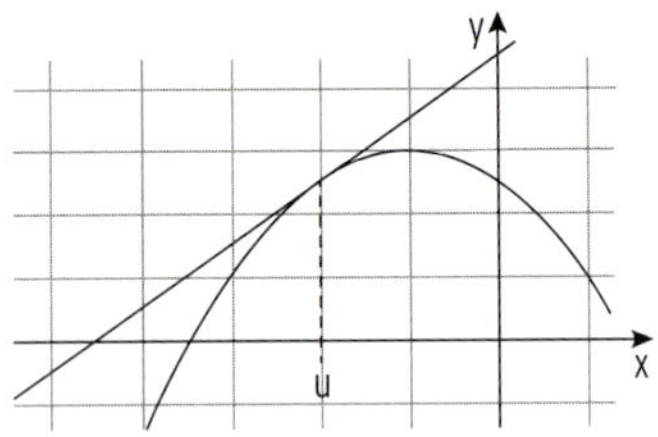

Berühren:
K_f und K_g **berühren** sich in der Stelle u,
wenn gilt:
$f(u) = g(u) \wedge f'(u) = g'(u)$

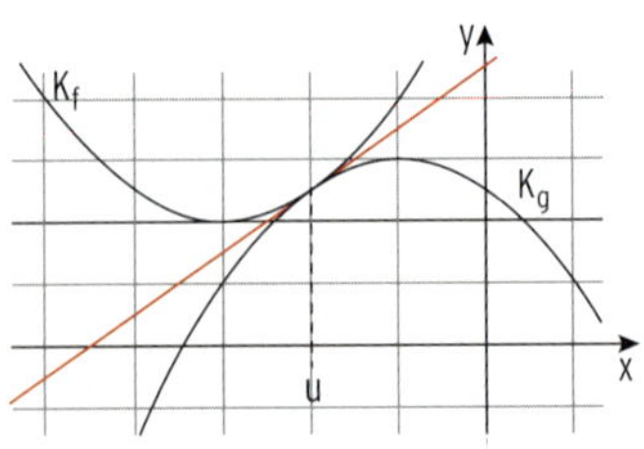

Integralrechnung

Stammfunktion: Eine Funktion F heißt Stammfunktion von f auf dem Intervall I, wenn auf I gilt: $F'(x) = f(x)$.

Unbestimmtes Integral: $\int f(x)\,dx = F(x) + C;\ C \in \mathbb{R}$
Menge aller Stammfunktionen von f

Grundintegrale:

$\int dx = x + C$ $\qquad \int a\,dx = ax + C$

$\int x^n\,dx = \frac{1}{n+1}x^{n+1} + C \quad (n \neq -1)$

$\int (a_1x^3+a_2x^2+a_3x+a_4)dx = \frac{1}{4}a_1x^4 + \frac{1}{3}a_2x^3 + \frac{1}{2}a_3x^2 + a_4x + C$

$\int e^x\,dx = e^x + C$ $\qquad \int e^{ax+b}\,dx = \frac{1}{a}e^{ax+b} + C;\ a \neq 0$

Bestimmtes Integral: $\int_a^b f(x)dx = [\,F(x)]_a^b = F(b) - F(a)$
F ist eine Stammfunktion von f

Integrationsregeln:

Faktorregel: $\int_a^b (k \cdot f(x))\,dx = k \cdot \int_a^b f(x)dx;\ k \in \mathbb{R}$

Summenregel: $\int_a^b f(x)\,dx \pm \int_a^b g(x)\,dx = \int_a^b (f(x) \pm g(x))\,dx$

Änderung der Grenzen: $\int_a^c f(x)\,dx = \int_a^b f(x)\,dx + \int_b^c f(x)\,dx$

$\int_a^b f(x)\,dx = -\int_b^a f(x)\,dx$

Flächenberechnung

Fläche A zwischen dem Funktionsgraph K_f und der x-Achse:

1) Berechnung der Nullstellen von f auf [a; b]: $f(x) = 0$ liefert $x_1, x_2, \ldots$

2) Berechnung der Integrale
   - $\int_a^{x_1} f(x)\,dx$
   - $\int_{x_1}^{x_2} f(x)\,dx$
   - $\int_{x_2}^{b} f(x)\,dx$

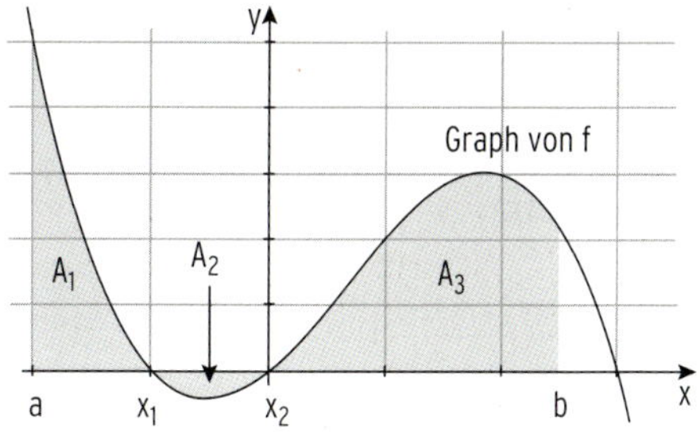

3) **Addition der Beträge der Integralwerte** ergibt den **gesamten Flächeninhalt:**
   $A = A_1 + A_2 + A_3$

Flächenberechnung

Fläche A zwischen zwei Funktionsgraphen K_f und K_g:

Für $f(x) \geq g(x)$ auf [a; b] gilt:

Der Inhalt der Fläche zwischen K_f von f und K_g von g auf dem Intervall [a; b] ist

$$A = \int_a^b \left(f(x) - g(x)\right) dx,$$

unabhängig **von der Lage der Kurven** K_f von f und K_g von g **im Koordinatensystem.**

Für $f(x) \leq g(x)$ auf [a; b] gilt:

$$A = -\int_a^b \left(f(x) - g(x)\right) dx.$$

Hinweis: Die Nullstellen von f und g sind ohne Belang.

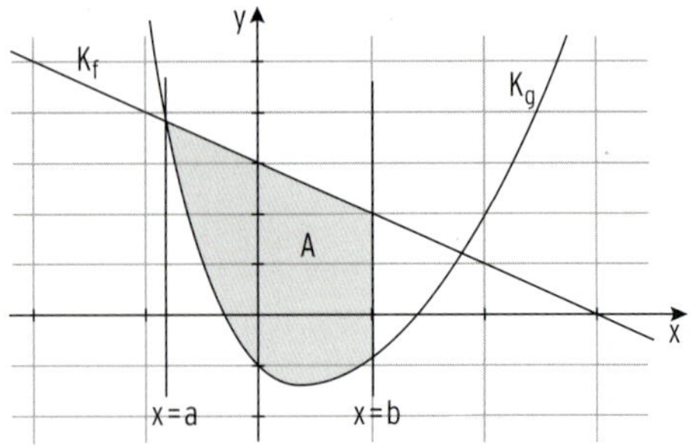

Anwendungen der Differenzial- und der Integralrechnung

Änderungsrate der Gesamtkosten

Grenzkosten = zusätzliche Kosten pro (kleiner) Mengeneinheit

$$K'(x) = \lim_{\Delta x \to 0} \frac{\Delta K}{\Delta x} = \frac{dK(x)}{dx}$$

Einheit der Grenzkosten: $\frac{GE}{ME}$ $\left(\frac{\text{Geldeinheit}}{\text{Mengeneinheit}}\right)$

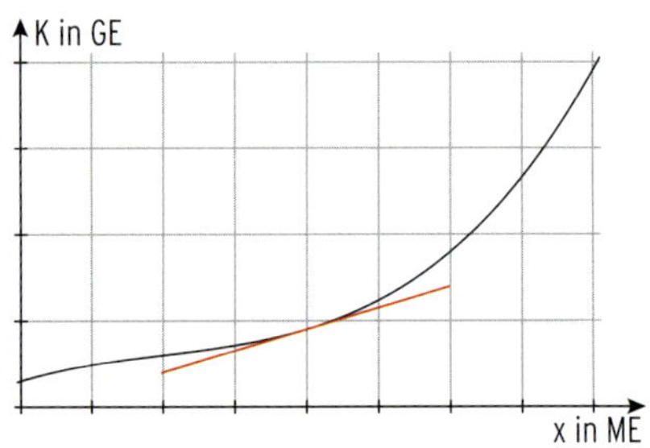

Momentane Änderungsrate

Wachstumsgeschwindigkeit v in $\frac{m}{\text{Jahr}}$

Absatz in ME/ZE

Grenzkosten in GE/ME

Gesamtänderung durch Integration

Höhenwachstum $\int_{t_1}^{t_2} v(t)dt$ in m

Gesamtabsatz in ME

Gesamtkostenzunahme $\int_a^b K'(x)dx$

Bestandsfunktion: $F(t) = F(t_0) + \int_{t_0}^{t} f(x)dx$

Mittelwert der Funktionswerte f(x) auf [a; b]: $\overline{m} = \frac{1}{b-a} \int_a^b f(x)dx$

Grafisches Ableiten und Aufleiten

Grafisches Ableiten

Zusammenhang von f und f ′

f	f ′
Extremstelle	Nullstelle mit VZW
Minimalstelle	VZW von f ′(x) von − /+
Maximalstelle	VZW von f ′(x) von + /−
Wendestelle	Extremstelle

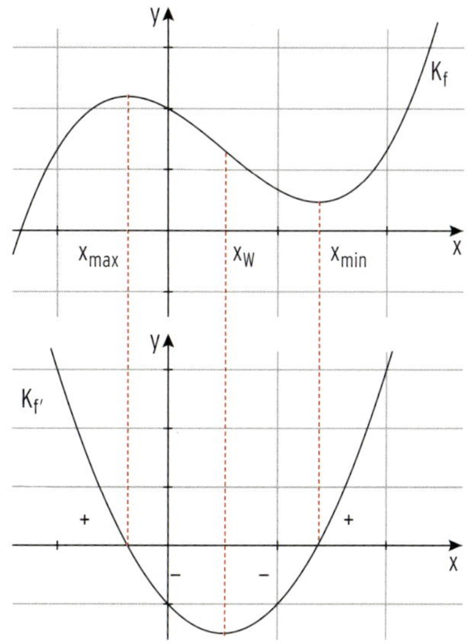

$f'(x_W)$ ist die Steigung der Wendetangente.

ableiten ←

Merkregel: N E W

N steht für Nullstelle **mit** Vorzeichenwechsel (einfache, dreifache, ... Nullstelle).

Grafisches Aufleiten

Zusammenhang von f und F

F ist eine Stammfunktion von f

f	F
Nullstelle mit VZW	Extremstelle
VZW von f(x) von −/+	Minimalstelle
VZW von f(x) von +/ −	Maximalstelle
Extremstelle	Wendestelle

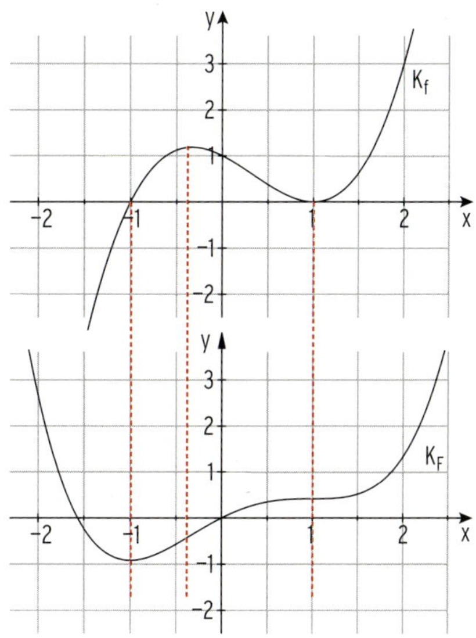

Das Schaubild von F ist nicht eindeutig festgelegt: F(x) = F*(x) + c

ableiten ←

Merkregel: N E W

→ aufleiten

N steht für Nullstelle **mit** Vorzeichenwechsel (einfache, dreifache, ... Nullstelle).

Mathematische Formeln in Wirtschaft und Verwaltung

Gesamtkostenfunktion K:	$K(x) = K_v(x) + K_f$
Ertragsgesetzliche Kostenfunktion K:	$K(x) = ax^3 + bx^2 + cx + d;\ x \geq 0;\ a \neq 0$
	x in ME; K(x) in GE
Fixkosten:	$K(0) = d = K_{fix}$
Funktion der variablen Gesamtkosten K_v:	$K_v(x) = K(x) - K_{fix}$
Funktion der gesamten Stückkosten k:	$k(x) = \frac{K(x)}{x}$
(Funktion der Durchschnittskosten)	
Funktion der variablen Stückkosten k_v:	$k_v(x) = \frac{K_v(x)}{x}$
Grenzkostenfunktion K′:	$K'(x)$
(Kostenzuwachs)	
Grenzstückkostenfunktion k′:	$k'(x)$
Betriebsoptimum (Minimalstelle von k)	x_{BO}
Langfristige Preisuntergrenze	$k(x_{BO})$
Betriebsminimum (Minimalstelle von k_v)	x_{BM}
kurzfristige Preisuntergrenze	$k(x_{BM})$
K wächst **degressiv**	$K'(x) > 0 \wedge K''(x) < 0$
K wächst **progressiv**	$K'(x) > 0 \wedge K''(x) > 0$
Erlösfunktion E	
bei vollständiger Konkurrenz:	$E(x) = p \cdot x$; p Preis pro ME
bei Monopol:	$E(x) = p_N(x) \cdot x$;
	$p_N(x)$: Preis abhängig von x
Gewinnfunktion G:	$G(x) = E(x) - K(x)$
Grenzgewinnfunktion G′:	$G'(x)$
Gewinnschwelle:	x_{GS} 1. positive Nullstelle von G
Gewinngrenze:	x_{GG} 2. positive Nullstelle von G
gewinnmaximale Ausbringungsmenge	x_{max}
Maximalstelle von G:	$G'(x) = 0$
Cournot'scher Punkt	$C(x_{max} \mid p_N(x_{max}))$

Zeichnerische Bestimmung des Gewinnmaximums

Der **Abstand** von Kosten- und Erlöskurve (in y-Richtung) ist in x_{max} am größten.

Bedingung: $E'(x) = K'(x)$

(Grenzumsatz = Grenzkosten)

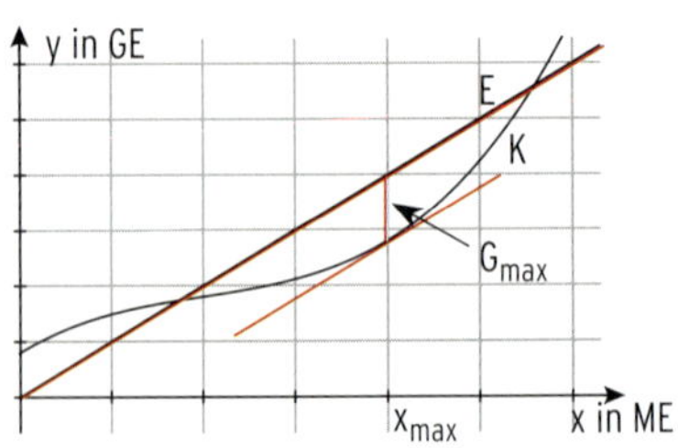

Zeichnerische Bestimmung von

- **Betriebsminimum**

  Tangente von (0 | K(0)) aus an K legen.

  Die **Berührstelle** entspricht dem **Betriebsminimum.**

- **Betriebsoptimum:**

  Tangente von 0 aus an K legen.

  Die **Berührstelle** entspricht dem **Betriebsoptimum.** Der Berührpunkt heißt optimaler Kostenpunkt (OKP).

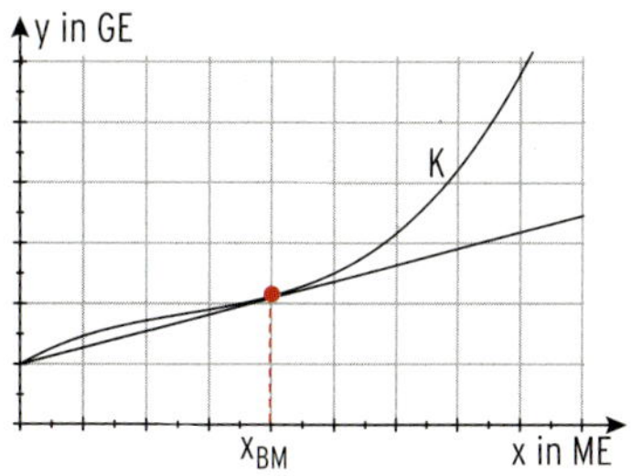

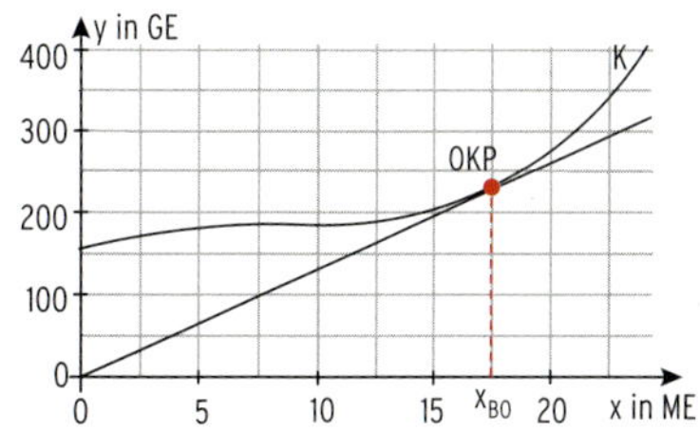

Angebot und Nachfrage

p_N **Nachfragefunktion** (Preis-Absatz-Funktion); $x \geq 0$

Der Graph von p_N ist monoton fallend und rechtsgekrümmt.

$p_N(0)$: Höchstpreis $p_N(x) = 0$ ergibt die Sättigungsmenge

p_A **Angebotsfunktion**; $x \geq 0$

Der Graph von p_A ist monoton steigend und linksgekrümmt.

Gleichgewichtsmenge: x_G

Schnittstelle der Graphen von p_N und p_A

Gleichgewichtspreis: $p_G = p_N(x_G) = p_A(x_G)$

Marktgleichgewicht MGG: $MGG(x_G | p_G)$

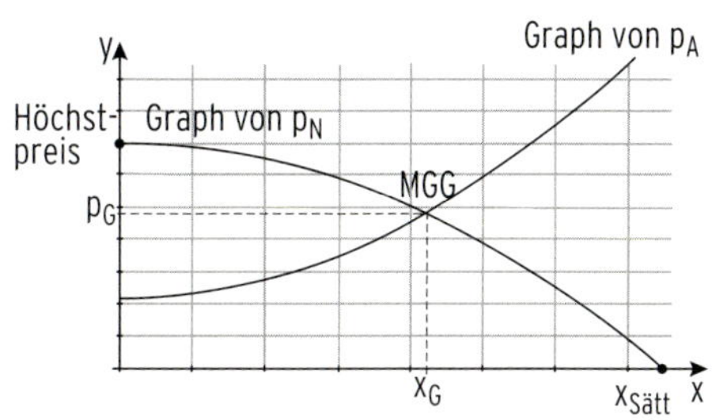

Konsumentenrente: $\int_0^{x_G}(p_N(x) - p_G)dx$

Differenz zwischen den theoretisch möglichen und den tatsächlichen Ausgaben für ein Produkt.

Produzentenrente: $\int_0^{x_G}(p_G - p_A(x))dx$

Differenz aus erzieltem Umsatz und mindestens erwartetem Umsatz.

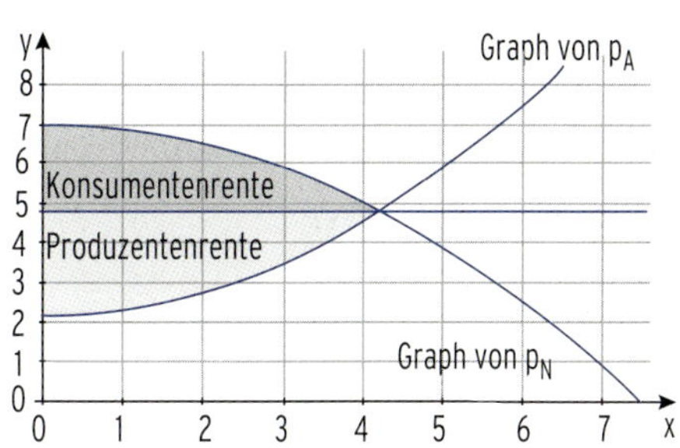

Beschreibende Statistik

Häufigkeit: Ein Zufallsexperiment wird n-mal durchgeführt.

absolute Häufigkeit H: Das Ereignis A ist H-mal eingetreten,

relative Häufigkeit h: $h(A) = \frac{H}{n}$

Für die relative Häufigkeit von A gilt: $0 \leq h(A) \leq 1$.

Lagemaße und **Streuungsmaße** für Beobachtungswerte x_i
Dabei ist: x_i: i-ter Beobachtungswert; n: Anzahl der Merkmalsträger

Arithmetisches Mittel: $\overline{x} = \frac{\text{Summe aller Beobachtungswerte } x_i}{\text{Anzahl n der Beobachtungswerte } x_i}$

(Mittelwert) $\overline{x} = \frac{x_1 + x_2 + ... + x_n}{n}$

Varianz: $\sigma^2 = \frac{1}{n}\sum_{i=1}^{n}(x_i - \overline{x})^2$

Standardabweichung: $\sigma = \sqrt{\text{Varianz}} = \sqrt{\sigma^2}$ (auch $s = \sqrt{s^2}$)

Wahrscheinlichkeit

Definition: Ein Zufallsexperiment besitzt die **Ergebnismenge** $S = \{e_1, e_2, e_3, ..., e_i\}$.
Eine Funktion P, die jedem Ereignis E eine reelle Zahl P(E) zuordnet, heißt **Wahrscheinlichkeitsverteilung,** wenn gilt:

(1) $P(E) \geq 0$ Nichtnegativität

(2) $P(S) = 1$ Normiertheit

(3) $P(A \cup B) = P(A) + P(B)$, Additivität
falls $A, B \subseteq S$ und $A \cap B = \emptyset$

Der Funktionswert P(E) heißt **Wahrscheinlichkeit** von E.

Ein **Ereignis E** ist eine Teilmenge der Ergebnismenge S.

Für $E = \{e_1, e_2, ..., e_k\} \subseteq S$ gilt: $P(E) = P(e_1) + P(e_2) + ... + P(e_k)$

Für das **unmögliche Ereignis** $\emptyset$ gilt: $P(\emptyset) = 0$

Für die **Gegenwahrscheinlichkeit** gilt: $P(\overline{A}) = 1 - P(A)$
$\overline{A}$ ist das **Gegenereignis** von A

Laplace-Wahrscheinlichkeit: $P(A) = \frac{\text{Anzahl der für A günstigen Ergebnisse}}{\text{Anzahl der möglichen Ergebnisse}} = \frac{g}{m}$

(Wahrscheinlichkeit bei Gleichverteilung)

Mehrstufige Zufallsexperimente

Nacheinander ablaufende Zufallsexperimente werden zu einem **mehrstufigen Zufallsexperiment** zusammengefasst.
Baumdiagramm als Mittel zur anschaulichen Darstellung.

Berechnung von Wahrscheinlichkeiten am Baumdiagramm:

Pfadmultiplikationsregel: Die **Wahrscheinlichkeiten längs** eines Pfades **werden multipliziert.**

Pfadadditionsregel: Die **Wahrscheinlichkeiten der** einzelnen Pfade **werden addiert.**

Pfadmultiplikationsregel

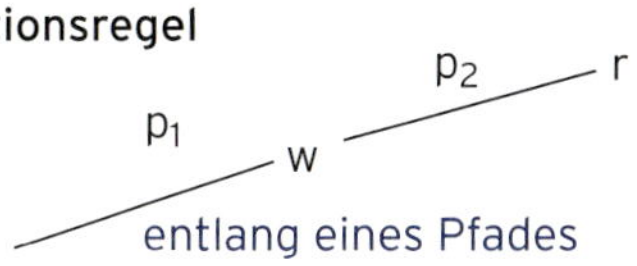

$P(w \wedge r) = p_1 \cdot p_2$

und — Wahrscheinlichkeiten multiplizieren

Pfadadditionsregel

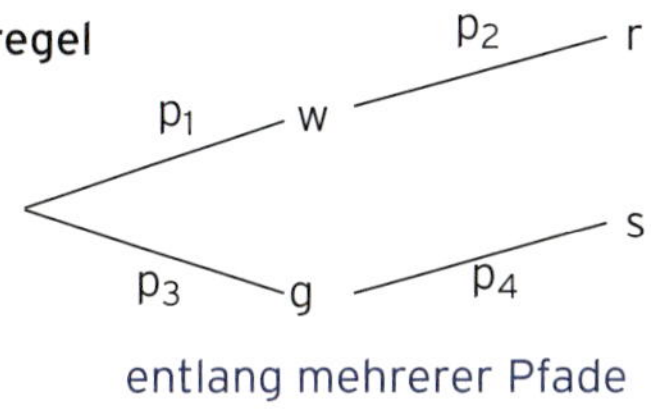

$P(wr \vee gs) = p_1 \cdot p_2 + p_3 \cdot p_4$

oder — Wahrscheinlichkeiten addieren

Zufallsvariable

Zufallsvariable: $X: e_i \rightarrow X(e_i) = x_i$

Wahrscheinlichkeitsverteilung: Jedem Wert x_i wird die Wahrscheinlichkeit $P(X = x_i)$ zugeordnet.

Darstellung in Tabellenform:

x_i	x_1	x_2	...
$P(X = x_i)$	$P(X = x_1)$	$P(X = x_2)$	...

Erwartungswert: $E(X) = x_1 \cdot P(X = x_1) + x_2 \cdot P(X = x_2) + \ldots + x_n \cdot P(X = x_n)$

$E(X) = \sum_{i=1}^{n} x_i P(X = x_i)$

Varianz: $\sigma^2 = (x_1 - (E(X))^2 \cdot P(X = x_1) + \ldots + (x_n - (E(X))^2 \cdot P(X = x_n)$

$\sigma^2 = \sum_{i=1}^{n} (x_i - E(X))^2 \cdot P(X = x_i)$

Standardabweichung: $\sigma = \sqrt{\sigma^2}$

Binomialverteilung

Bernoulli-Experiment: Zufallsexperiment mit genau zwei Ergebnissen,

Wahrscheinlichkeit für Treffer: p für Niete: $1 - p$

Bernoullikette der Länge n: Zufallsexperiment aus n unabhängigen Durchführungen eines Bernoulli-Experiments

Die Zufallsvariable X ist **binomialverteilt. X ist $B_{n;\,p}$-verteilt.**

Wahrscheinlichkeit für k Treffer: $P(X = k) = \binom{n}{k} \cdot p^k \cdot (1-p)^{n-k} = B_{n;p}(k)$

Bernoulli-Formel

für höchstens k Treffer: $P(X \leq k) = \sum_{i=0}^{k} B_{n;p}(i)$

kumulierte Wahrscheinlichkeit

Hinweis: $\binom{n}{k} = \frac{n!}{k! \cdot (n-k)!}$ $n! = n \cdot (n-1) \cdot \ldots \cdot 2 \cdot 1$ $0! = 1$

Erwartungswert von X: $E(X) = n \cdot p$ (auch $\mu = n \cdot p$)

Standardabweichung von X: $\sigma = \sqrt{n \cdot p \cdot (1-p)}$

Grafische Darstellung

X ist $B_{10;\,0{,}2}$-verteilt:

Binomialverteilung $B_{50;\,0{,}2}(k)$

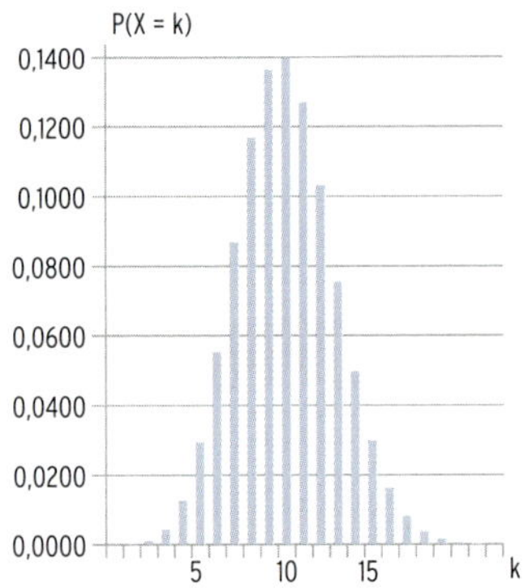

summierte Binomialverteilung:
n = 50; p = 0,2

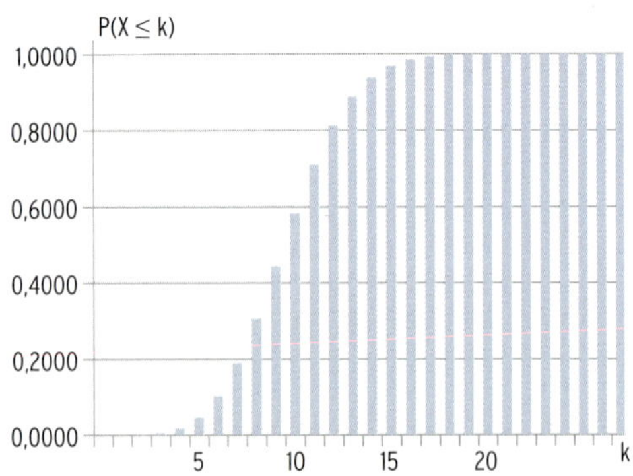

Tabellierte, kumulierte Binomialverteilung

$F_{n;\,p}(k) = B_{n;p}(0) + \ldots + B_{n;p}(k)$

Bei Eingang über die rechte k-Spalte (d. h. $p \geq 0{,}5$) gilt:

$F_{n;\,p}(k) = 1 -$ abgelesener Wert

n	k	0,02	0,03	0,04	0,05	0,1	0,125	1/6	0,2	0,25	0,3	1/3	0,4	0,5	k	n
20	0	6676	5438	4420	3585	1216	0692	0261	0115	0032	0008	0003	0000	0000	19	20
	1	9401	8802	8103	7358	3917	2669	1304	0692	0243	0076	0033	0005	0000	18	
	2	9929	9790	9561	9245	6769	5353	3287	2061	0913	0355	0176	0036	0002	17	
	3	9994	9973	9926	9841	8670	7653	5665	4114	2252	1071	0604	0160	0013	16	
	4		9997	9990	9974	9568	9050	7687	6296	4148	2375	1515	0510	0059	15	
	5			9999	9997	9887	9688	8982	8042	6172	4164	2972	1256	0207	14	
	6					9976	9916	9629	9133	7858	6080	4793	2500	0577	13	
	7					9996	9981	9887	9679	8982	7723	6615	4159	1316	12	
	8					9999	9997	9972	9900	9591	8867	8095	5956	2517	11	
	9						9999	9994	9974	9861	9520	9081	7553	4119	10	
	10							9999	9994	9961	9829	9624	8725	5881	9	
	11								9999	9991	9949	9870	9435	7483	8	
	12									9998	9987	9963	9790	8684	7	
	13										9997	9991	9935	9423	6	
	14											9998	9984	9793	5	
	15												9997	9941	4	
	16													9987	3	
	17													9998	2	
	18														1	
	19														0	

n	k	0,02	0,03	0,04	0,05	0,1	0,125	1/6	0,2	0,25	0,3	1/3	0,4	0,5	k	n
30	0	5455	4010	2939	2146	0424	0182	0042	0012	0002	0000	0000	0000	0000	29	30
	1	8795	7731	6612	5535	1837	0962	0295	0105	0020	0003	0001	0000	0000	28	
	2	9783	9399	8831	8122	4114	2579	1028	0442	0106	0021	0007	0000	0000	27	
	3	9971	9881	9694	9392	6474	4734	2396	1227	0374	0093	0033	0003	0000	26	
	4	9997	9982	9937	9844	8245	6812	4243	2552	0979	0302	0122	0015	0000	25	
	5		9998	9989	9967	9268	8356	6164	4275	2026	0766	0355	0057	0002	24	
	6			9999	9994	9742	9275	7765	6070	3481	1595	0838	0172	0007	23	
	7				9999	9922	9725	8863	7608	5143	2814	1668	0435	0026	22	
	8					9980	9910	9494	8713	6736	4315	2860	0940	0081	21	
	9					9995	9974	9803	9389	8034	5888	4317	1763	0214	20	
	10					9999	9994	9933	9744	8943	7304	5848	2915	0494	19	
	11						9999	9980	9905	9493	8407	7239	4311	1002	18	
	12							9995	9969	9784	9155	8340	5785	1808	17	
	13							9999	9991	9918	9599	9102	7145	2923	16	
	14								9998	9973	9831	9565	8246	4278	15	
	15								9999	9992	9936	9812	9029	5722	14	
	16									9998	9979	9928	9519	7077	13	
	17										9994	9975	9788	8192	12	
	18										9998	9993	9917	8998	11	
	19											9998	9971	9506	10	
	20												9991	9786	9	
	21												9998	9919	8	
	22													9974	7	
	23													9993	6	
	24													9998	5	
n	k	0,98	0,97	0,96	0,95	0,9	0,875	5/6	0,8	0,75	0,7	2/3	0,6	0,5	k	n

Matrizen

Matrix: Zahlenschema mit m Zeilen und n Spalten

$$A = A_{m,n} = (a_{ij})_{m,n} = \begin{pmatrix} a_{11} & a_{12} & \dots & a_{1n} \\ a_{21} & a_{21} & \dots & a_{2n} \\ \dots & \dots & \dots & \dots \\ a_{m1} & a_{m2} & \dots & a_{mn} \end{pmatrix}$$

Einheitsmatrix $E = \begin{pmatrix} 1 & 0 & \dots & 0 \\ 0 & 1 & \dots & 0 \\ \dots & \dots & \dots & \dots \\ 0 & 0 & \dots & 1 \end{pmatrix}$ $E \cdot A = A \cdot E = A$

(quadratische Matrix mit $e_{ii} = 1$ und $e_{ij} = 0$ für $i \neq j$)

Spaltenvektor: $\vec{x} = \begin{pmatrix} x_1 \\ x_2 \\ x_3 \end{pmatrix}$ **Zeilenvektor:** $\vec{x} = (x_1 \quad x_2 \quad x_3)$

Addition

Addition von Vektoren: $\vec{a} + \vec{b} = \begin{pmatrix} a_1 \\ a_2 \\ a_3 \end{pmatrix} + \begin{pmatrix} b_1 \\ b_2 \\ b_3 \end{pmatrix} = \begin{pmatrix} a_1 + b_1 \\ a_2 + b_2 \\ a_3 + b_3 \end{pmatrix}$

Addition von Matrizen: Zwei Matrizen A und B werden **addiert,** indem man die **Elemente der Matrizen** A und B, die an der gleichen Position stehen, **addiert.**

$$A + B = (a_{ij}) + (b_{ij}) = (a_{ij} + b_{ij})$$

Man kann Matrizen nur addieren, wenn sie in ihrer Zeilen- und Spaltenanzahl übereinstimmen.

Multiplikation

Skalare Multiplikation: $r \cdot \vec{a} = r \cdot \begin{pmatrix} a_1 \\ a_2 \\ a_3 \end{pmatrix} = \begin{pmatrix} r \cdot a_1 \\ r \cdot a_2 \\ r \cdot a_3 \end{pmatrix}$; $r \in \mathbb{R}$ heißt **Skalar.**

$$r \cdot A = r \cdot (a_{ij}) = (r \cdot a_{ij})$$

Multiplikation von Zeilenvektoren mit Spaltenvektoren

$\vec{a} \cdot \vec{b}$ kann **nur** berechnet werden, wenn die Anzahl der Spalten von $\vec{a}$ mit der Anzahl der Zeilen von $\vec{b}$ übereinstimmt.

Multiplikation von Zeilenvektor $\vec{a}$ (Format (1; n)) mit Spaltenvektor $\vec{b}$ (Format (n; 1)):

$$\vec{a} \cdot \vec{b} = (a_1 \quad a_2 \dots a_n) \begin{pmatrix} b_1 \\ b_2 \\ \dots \\ b_n \end{pmatrix} = a_1 b_1 + a_2 b_2 + \dots + a_n b_n$$

Multiplikation von Matrizen (Falk-Schema)

Das Produkt zweier Matrizen $A = (a_{ij})$ und $B = (b_{rs})$ wird nach folgendem Schema berechnet.

	B
A	A · B

$$\begin{array}{c|c} & \begin{pmatrix} b_{11} & b_{12} & b_{13} \\ b_{21} & b_{22} & b_{23} \\ b_{31} & b_{32} & b_{33} \end{pmatrix} = B \\ \hline A = \begin{pmatrix} a_{11} & a_{12} & a_{13} \\ a_{21} & a_{22} & a_{23} \\ a_{31} & a_{32} & a_{33} \end{pmatrix} & \begin{pmatrix} c_{11} & c_{12} & c_{13} \\ c_{21} & c_{22} & c_{23} \\ c_{31} & \boxed{c_{32}} & c_{33} \end{pmatrix} = A \cdot B \end{array}$$

Berechnung des Elementes c_{32}: $c_{32} = a_{31} \cdot b_{12} + a_{32} \cdot b_{22} + a_{33} \cdot b_{32} = \sum_{j=1}^{3} a_{3j} \cdot b_{j2}$

Beachten Sie: A · B kann nur berechnet werden, wenn die Anzahl der Spalten von A mit der Anzahl der Zeilen von B übereinstimmt. $A_{(m,\, n)} \cdot B_{(n,\, p)} = C_{(m,\, p)}$

Inverse Matrix

A sei eine **quadratische Matrix.** Die **inverse Matrix von A** wird mit A^{-1} bezeichnet.

Hat A eine Inverse, so heißt A invertierbar. $A \cdot A^{-1} = A^{-1} \cdot A = E$

Lineare Gleichungssysteme

LGS mit 3 Gleichungen und 3 Unbekannten:

Z.B.: $x_1 - x_2 + 2x_3 = 1$

$2x_1 - x_2 + 2x_3 = -2$

$-x_1 - 2x_2 + x_3 = -1$

Schreibweise in Matrixform: $\left(\begin{array}{ccc|c} 1 & -1 & 2 & 1 \\ 2 & -1 & 2 & -2 \\ -1 & -2 & 1 & -1 \end{array}\right)$

Äquivalente Umformungen des LGS (**Gauß-Verfahren)** führen zur

Dreiecksform z.B.: $\left(\begin{array}{ccc|c} 1 & -1 & 2 & 1 \\ 0 & 1 & -2 & -4 \\ 0 & 0 & 3 & 12 \end{array}\right)$ bzw. zur Diagonalform z.B.: $\left(\begin{array}{ccc|c} 1 & 0 & 0 & -3 \\ 0 & 1 & 0 & 4 \\ 0 & 0 & 1 & 4 \end{array}\right)$.

Äquivalente Umformung
- Multiplizieren einer Gleichung mit einer Zahl $\neq 0$
- Addition einer Gleichung zu einer anderen Gleichung.

Sind alle Diagonalelemente der Dreiecksform $\neq 0$, hat das LGS **genau eine Lösung.**

Lösung des linearen Gleichungssystems $\left(\begin{array}{ccc|c} 1 & -1 & 2 & 1 \\ 2 & -1 & 2 & -2 \\ -1 & -2 & 1 & -1 \end{array}\right)$: $x_1 = -3$; $x_2 = 4$; $x_3 = 4$

Lineare Verflechtung (Materialverflechtung)

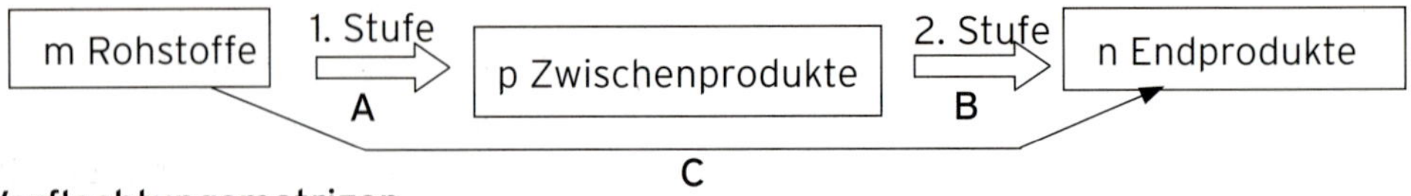

Verflechtungsmatrizen

$A_{(m,p)}$ Rohstoff-Zwischenprodukt-Matrix

$B_{(p,n)}$ Zwischenprodukt-Endprodukt-Matrix

$C_{(m,n)}$ Rohstoff-Endprodukt-Matrix

$$C = A \cdot B$$

Verbrauchs-, Produktionsvektoren

$\vec{r}$ für die Rohstoffe

$\vec{z}$ für die Zwischenprodukte

$\vec{x}$ für die Endprodukte

$$A \cdot \vec{z} = \vec{r}$$
$$B \cdot \vec{x} = \vec{z}$$
$$C \cdot \vec{x} = \vec{r}$$

Kostenvektoren (variable Kosten je ME) sind Zeilenvektoren.

$\vec{k}_R$ Materialkosten

$\vec{k}_Z$ Fertigungskosten in Stufe 1

$\vec{k}_E$ Fertigungskosten in Stufe 2

Variable Herstellkosten je ME der Endprodukte:
$$\vec{k}_V = \vec{k}_R \cdot C + \vec{k}_Z \cdot B + \vec{k}_E$$

Kosten für die Produktion $\vec{x}$

K_R für die Rohstoffe

K_Z für die Fertigung der Zwischenprodukte

K_E für die Fertigung der Endprodukte

K_f zusätzliche fixe Kosten

$$K_R = \vec{k}_R \cdot \vec{r}$$
$$K_Z = \vec{k}_Z \cdot \vec{z}$$
$$K_E = \vec{k}_E \cdot \vec{x}$$

Gesamtkosten K: $K = K_R + K_Z + K_E + K_f$

oder $K = \left(\vec{k}_R \cdot C + \vec{k}_Z \cdot B + \vec{k}_E\right) \cdot \vec{x} + K_f$

Verflechtungstabellen

	Z_1	Z_2	Z_3
R_1	a	b	3
R_2	2	3	0
R_3	8	c	4

	E_1	E_2
Z_1	3	7
Z_2	2	1
Z_3	8	4

Verflechtungsdiagramm

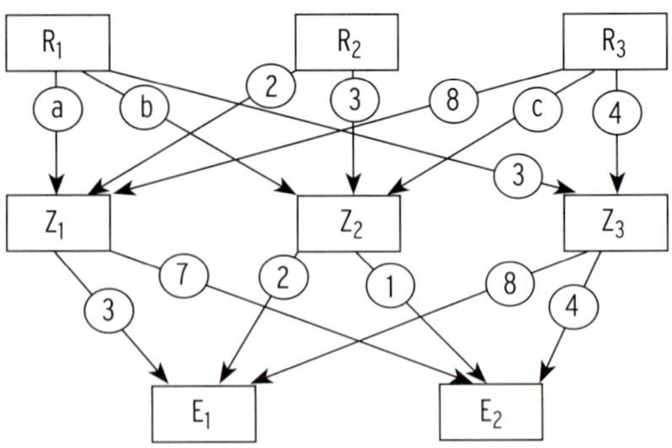

Mathematische Zeichen

Vergleiche

$a = b$	a ist gleich b
$a \neq b$	a ist ungleich b
$a < b$	a ist kleiner als b
$a \leq b$	a ist kleiner oder gleich b
$a > b$	a ist größer als b
$a \geq b$	a ist größer oder gleich b
$a \approx b$	a ist ungefähr gleich b
$a \triangleq b$	entspricht, z. B. 1 LE $\triangleq$ 1 cm

Logische Zeichen

$a \wedge b$	a und b
$a \vee b$	a oder b
$a \Leftrightarrow b$	a gleichwertig (äquivalent) b
$a \Rightarrow b$	aus a folgt b

Mengen und Zahlen

$\mathbb{N}$	Menge der natürlichen Zahlen mit Null
$\mathbb{N}^*$	Menge der natürlichen Zahlen ohne Null
$\mathbb{Z}$	Menge der ganzen Zahlen
$\mathbb{Q}$	Menge der rationalen Zahlen
$\mathbb{R}$	Menge der reellen Zahlen
$\mathbb{R}^*$	Menge der reellen Zahlen ohne Null
$\mathbb{R}_+$	Menge der positiven reellen Zahlen mit Null
$\mathbb{R}_+^*$	Menge der positiven reellen Zahlen ohne Null
$x \in M$	x ist Element von M
$x \notin M$	x ist nicht Element von M
$\{x \in M \mid ...\}$	Menge aller x aus M, für die gilt ...
$\{a, b, c, d\}$	Menge mit den Elementen a, b, c, d
$A \subseteq B$	A ist Teilmenge von B
$A \cap B$	Schnittmenge von A und B
$A \cup B$	Vereinigungsmenge von A und B
$A \setminus B$	Differenzmenge von A und B
$\varnothing$	Leere Menge
∞	unendlich

$[a; b] = \{x \in \mathbb{R} \mid a \leq x \leq b\}$

$[a; b[= \{x \in \mathbb{R} \mid a \leq x < b\}$

$[a; \infty[= \{x \in \mathbb{R} \mid a \leq x < \infty\}$

$\lvert a \rvert$	Betrag von a
a^n	a hoch n; n-te Potenz von a
$\sqrt{a}$	Quadratwurzel aus a; $a \geq 0$
$\sqrt[3]{a}$	3. Wurzel aus a; $a \geq 0$

Funktionen

f	Funktion
f(x)	Funktionswert an der Stelle x
D	Definitionsbereich
W	Wertebereich

Geometrie

$P(x \mid y)$	Punkt P mit den Koordinaten x und y
$g \parallel h$	Gerade g ist parallel zur Geraden h
$g \perp h$	g steht senkrecht auf h
$g \subseteq E$	g liegt in der Ebene E
$g \perp E$	g durchstößt Ebene E senkrecht

Stichwortverzeichnis